A arte de permanecer CASADO

Edição revisada e atualizada
JAIME KEMP

A arte de permanecer CASADO

© 2007 por Jaime Kemp

Revisão
Iara Vasconcellos
Sonia Emília Lopes Andreotti
Solange Roschel
João Guimarães
Regina Aranha

Capa
Júlio Carvalho

Diagramação
Atis Design

Gerente editorial
Juan Carlos Martinez

Coordenador de Produção
Mauro W. Terrengui

1ª edição - Julho - 2007
Reimpressão - Outubro - 2008
Reimpressão - Outubro - 2011
Reimpressão - Janeiro -2013
Reimpressão - Abril -2014
Reimpressão - Setembro de 2015
Reimpressão - Outubro de 2018

Impressão e acabamento
Imprensa da Fé

Todos os direitos reservados para:
Editora Hagnos Ltda
Av. Jacinto Júlio, 27
04815-160 - São Paulo - SP -Tel/Fax: (11) 5668-5668
hagnos@hagnos.com.br - www.hagnos.com.br

Dados Internacionais de Catalogação na Publicação (CIP)
(Câmara Brasileira do Livro, SP, Brasil)

Kemp, Jaime
A arte de permanecer casado: um guia seguro para quem deseja salvar um casamento / Jaime Kemp. -- ed. rev. e atual -- São Paulo : Hagnos, 2007.

ISBN 978-85-7742-008-7

1. Casais - Psicologia 2. Casamento 3. Conflito
4. Mudança de comportamento I. Título.

07-3177 CDD-158.2

Índices para catálogo sistemática:
1. Casamento: Relações interpessoais:
Psicologia aplicada 158.2

EDITORA ASSOCIADA À:

Para Judith,

Amada esposa, companheira querida de 42 anos de vida em comum.

Desde o inverno de 1964, quando nos conhecemos, ela tem andado ao meu lado, incentivando-me a lutar pelos meus ideais, crendo em minhas possibilidades, ajudando-me a enfrentar e superar minhas lutas e fraquezas, conseguindo extrair esperança de pequenas coisas, quando a derrota parecia iminente.

Por você ser como é,
todo o meu amor,
Jaime

"Muitas mulheres procedem virtuosamente, mas tu a todas sobrepujas."
Provérbios 31.29

Agradecimentos

É difícil expressar adequadamente a minha gratidão às pessoas que, com seu auxílio, se tornaram indispensáveis na execução deste livro.

A Sonia Emília Lopez Andreotti, pela dedicação demonstrada na preparação do livro. Nossos diálogos e troca de ideias foram importantes para o resultado final do trabalho.

A Iara Vasconcellos e Solange Roschel, que pacientemente trabalharam no texto.

E, com muito carinho, agradeço a Judith, minha esposa, que, compreensivamente, "dividiu-me" durante meses com a tarefa de escrever este livro. Pelas muitas horas em que suportou minha ausência a favor deste trabalho, a minha gratidão.

Jaime Kemp

Sumário

Introdução		11
1	Testemunho pessoal	17
2	O compromisso no casamento	31
3	O "deixar" – relacionamento com os sogros	41
4	Uma só carne – união	53
5	Tornar-se os maiores amigos	65
6	Suprir as necessidades um do outro	75
7	Resolver os conflitos	87
8	Aceitação – a capacidade de perdoar	97
9	A vida sexual do casal	107
10	Finanças – até que a dívida nos separe	125
11	Quem não se comunica... –	143
12	Fidelidade – confiança e respeito	159
13	O papel do marido e da esposa	169
14	Os filhos do divórcio	183
15	A força motivadora para permanecer casado	189

Introdução

A família vive hoje a maior crise de todos os tempos. Na Europa e Estados Unidos, uma espécie de agnosticismo e de humanismo têm minado a cultura cristã existente, destruindo as famílias.

Uma pesquisa feita pelo jornal *The New York Times* revelou que mais de 60% da população americana aprova o divórcio e cerca de 30% são favoráveis ao aborto.

No Brasil, o anuário estatístico do IBGE tem divulgado dados estarrecedores sobre a família brasileira. Em apenas três anos, o número de separações judiciais aumentou 46%, não computando os inúmeros rompimentos que ocorrem diariamente de forma ilegal. De outro lado, os registros de casamentos cresceram em apenas 10% no mesmo período.

Estas provas percentuais só indicam que a única chance de a família manter-se unida e em harmonia está em querer desenvolver a ARTE DE PERMANECER CASADO e esforçar-se muito para aprender como fazer isso.

Por que há tantos casamentos tensos, superficiais, amargurados, aborrecidos, sem intimidade entre os casais, cada vez mais distanciados e sem nenhum romantismo?

Será que todos os conflitos, brigas, desentendimentos que caracterizam os casamentos atuais têm solução?

Como resolver o problema da falta de comunicação, da confusão que reina sobre o posicionamento do marido e da mulher?

E a infidelidade conjugal, como encará-la?

Será que todas essas indagações têm resposta, ou temos de aceitar a sugestão de alguns de que a família, como instituição, está falida, é antiquada e não tem mais tanto valor como base da sociedade?

Todos estes questionamentos têm se tornado ainda mais perturbadores graças à maneira perigosa e tumultuada como o casamento é considerado atualmente.

Quero abordar alguns aspectos que, do meu ponto de vista, têm auxiliado no rápido desmoronamento matrimonial e familiar.

As pessoas estão pessimistas no que se refere ao casamento. Muitos ainda acham que é uma instituição importante. Contudo, o casamento tem sofrido duros golpes, principalmente porque, a cada dia, aumentam, entre os casais, os problemas aparentemente insolúveis. Inúmeras uniões matrimoniais só espelham infelicidade.

Ao estudar a história de civilizações antigas e sua posterior queda, observei algo marcante e notável. Todas elas começaram a falir, a cair, quando a família deixou de ser prioridade, tendo início um processo de desintegração.

Não podemos desprezar aquilo que Deus estabeleceu como fundamental. O Brasil, como outros países, está se afastando de uma opção séria e prioritária pela família. Gradativamente, estamos assistindo ao abalo que isso causa nos alicerces de nossa sociedade.

Uma das minhas preocupações neste livro é restabelecer o reconhecimento da importância do relacionamento conjugal e tentar ajudar aqueles que lutam para salvar seus casamentos.

Atualmente, há um apelo atraente e enfático para que todo indivíduo tenha como alvo ser feliz e realizado no seu casamento. Não resta dúvida que o Criador planejou o relacionamento conjugal para que o homem e a mulher encontrassem felicidade e realização. Mas essa busca tornou-se uma obsessão, visto que as pessoas são descartáveis, mas os desejos e as aspirações pessoais não. Se um cônjuge não faz o outro feliz, não lhe supre todas as necessidades imediatas, o mais razoável é substituí-lo por outro, sem pensar muito nas consequências de tal atitude. Esse tipo de comportamento baseia-se na filosofia humanista que, nos últimos anos, acabou por convencer o homem de que ele, não Deus, é o centro do universo. E, se Deus existe, Ele não é mais importante de que seus alvos e desejos.

Nas últimas décadas, temos "endeusado" e superestimado os *slogans*: "seja feliz"; "sinta-se bem"; "realize-se".

A obsessão por encontrar felicidade no relacionamento afetivo facilita a permissividade. Em nome de uma pseudo-satisfação pessoal, são aceitos comportamentos adúlteros, homossexuais, bem como o alarmante aumento do índice de divórcios.

Ouço o seguinte de pessoas que vêm ao meu consultório em busca de orientação:

– Será que tenho de ser condenado(a) a uma vida de realização limitada? Por favor, não me venha com um discurso moralista. Quero ser eu mesmo(a).

O certo e o errado, agora, são medidos pelo tipo de emoção que o ato que praticamos produz. É uma nova versão da ética relativista que eu chamaria de "moralidade de realização".

Há uma grande diferença entre a preocupação sadia e natural pela realização e satisfação pessoal e a busca desenfreada dessa meta, pois esta faz o indivíduo escorregar em uma ética em que se reza que tudo que contribui para a minha felicidade determina o caminho correto que devo seguir.

Outro propósito que eu tinha em mente ao escrever A ARTE DE PERMANECER CASADO era o de tentar mostrar que há um método melhor para atingirmos todos esses anseios de felicidade, realização, satisfação, sem que seja preciso nos aliarmos à filosofia agnóstica e humanista que impera na atualidade.

Fato comum, atualmente, é supor-se que os problemas, por mais complexos que sejam, podem ser facilmente resolvidos. Vivemos dias de soluções instantâneas:

– um simples comprimido resolve a insônia noturna,
– a novela mostra dilemas profundos na vida familiar que regularmente são solucionados antes do último capítulo.

Somos condicionados a aguardar soluções rápidas e simples, por exemplo: "Aqui estão três fórmulas para você não ter mais dificuldades conjugais".

Um casal veio procurar-me em meio a graves problemas. De fato, carregavam sobre seus ombros dezenove anos de conflitos não resolvidos. Observei, entretanto, que a expectativa de ambos era a de que eu, em duas ou três sessões de aconselhamento, colocasse um fim permanente em todos os desentendimentos curtidos durante tantos anos e transformasse a vida matrimonial deles em um verdadeiro mar-de-rosas.

Felizmente, o aconselhamento surtiu ótimos resultados, porém isso começou a ser possível apenas depois de seis meses de encontros, com muito esforço, desprendimento, dedicação e força de vontade de parte a parte. Em certos casos, as mudanças começam a ser sentidas após alguns anos. No entanto, muitas pessoas, quando percebem que suas dificuldades conjugais não serão resolvidas com a utilização de três ou quatro regrinhas preestabelecidas, mas somente depois de um longo período que envolve empenho, renúncia, determinação, logo desistem, pois acham que, para elas, não há mais remédio.

Por fim, gostaria de, neste livro, mostrar modos práticos, mas não necessariamente simples e rápidos, de resolver as crises que se precipitam sobre os casamentos.

Não posso garantir que os problemas matrimoniais que você passa hoje desaparecerão depois de você ler e praticar os conceitos aqui apresentados. Uma razão para isso é que muitas vezes um dos cônjuges não quer cooperar. Há casos em que um quer salvar o casamento, mas o outro já está emocionalmente desmotivado, ou, então, separado fisicamente, impossibilitando uma reconciliação, uma restauração.

Enquanto escrevo estas palavras introdutórias, visualizo mentalmente diversos rostos de pessoas que experimentam um verdadeiro e amargo "estresse" conjugal.

Meu desejo profundo e sincero é o de que, por intermédio destas páginas, muitos casais sejam ajudados em sua caminhada no esforço para aprender a ARTE DE PERMANECER CASADO.

Capítulo 1 | Testemunho pessoal

As primeiras rajadas de vento faziam antever um outono frio para aquele ano de 1957. Eu já completara dezessete anos. Naquela noite, caminhava pelas ruas de minha pequena cidade, ansioso por chegar em casa.

Ao entrar, dirigi-me ao cômodo que, para mim, era o mais atraente: a cozinha. Ali ficava o objeto da casa que eu mais utilizava: a geladeira.

Já era muito tarde, mas a fome espantava a preguiça e o cansaço. Enquanto preparava algo para comer, meus olhos se fixaram num bilhete sobre a mesa, endereçado a meu pai. Percebi que ele ainda não havia chegado e, sendo assim, não o lera, mas ao reconhecer a letra de minha mãe, num impulso ao qual não pude resistir, comecei a ler:

Jim, decidi não esperá-lo, pois já é muito tarde, porém tenho urgência em dizer-lhe algo. Sei que você já não me ama mais, e isso me entristece e tem me feito sofrer.

Eleanore!

Fiquei estarrecido! Todo o apetite desapareceu como que por encanto. Durante algum tempo permaneci parado, segurando aquele bilhete na mão, tentando dizer a mim mesmo que tudo não passava de um engano. Contudo, as brigas que eu já presenciara por anos e anos e a preocupação que a deterioração do relacionamento dos dois me trazia me davam a certeza de que tudo era realidade.

Vinte anos depois, li outra carta de minha mãe. Nessa época, eu já morava no Brasil, casara e já tinha duas de minhas três filhas.

Querido filho
Sinto não poder lhe escrever para dar notícias agradáveis. Como você deve saber, eu e seu pai não temos um casamento feliz e, agora, a situação chegou a um ponto insustentável. Não aguento mais! Vou me divorciar.

Dessa vez fiquei atônito!

Minha mãe, naquela época, estava com 68 anos, meu pai com 66. Tentei imaginar como duas pessoas nessa idade, com todos os seis filhos criados e tendo suas próprias vidas, conseguiriam habituar-se a viver sozinhos.

Nos meses seguintes eu teria de voltar aos Estados Unidos a trabalho; a ideia de encontrar uma família dividida, cheia de tensões e problemas, de mágoas e infelicidade, desanimava-me completamente.

Mesclada à decepção e à tristeza de saber que duas pessoas tão amadas não podiam mais suportar a presença uma da outra, confesso que senti vergonha de fazer parte de uma família que, com esse, somaria seu oitavo divórcio. Que tipo de exemplo os pais passavam para os seus filhos e, por conseguinte, esses filhos para os netos?

O Natal daquele ano foi marcante para mim. Ele transformou-se numa daquelas ocasiões que você gostaria de nunca ter vivido.

Eu estava nos Estados Unidos e passei alguns momentos com minha mãe em Boonville – uma pequenina cidade ao norte de São Francisco, e outros momentos com meu pai em Grass Valley, perto da divisa dos Estados da Califórnia e Nevada, para onde ele fora, na tentativa de reconstruir sozinho sua vida.

Por anos consecutivos eu não visitara meus pais, já que estava vivendo no Brasil. Quando tive a chance de fazê-lo, e numa época de tanta alegria e amor quanto o Natal, a desilusão de encontrá-los separados e sós abalou-me profundamente.

Todavia, por que esse casamento terminou assim?

Para compreender toda essa complexa situação, reporto-me ao ano de 1936, quando James Welch Kemp e Eleanore Clara Townsend se casaram. É costume dizer-se que "os opostos se atraem", entretanto no caso de meu pai e minha mãe, "os opostos" eram por demais relevantes. Ao avaliar isso, admira-me o fato de terem mantido seu casamento por 41 anos.

Minha família materna possuía alguns recursos financeiros. Foi cuidadosa na educação dos filhos, oferecendo, por exemplo, a minha mãe, formação universitária. Todavia, meu pai vinha de um lar humilde com nove filhos, com pessoas acostumadas a viver no campo, onde caçavam e pescavam para sobreviver. Enquanto meu pai cursava a oitava série, meu avô morreu, e, por causa disso, ele foi obrigado a deixar os estudos e trabalhar em período integral.

A consequente falta de preparo cultural de meu pai tornou-se um fator de desnível demasiadamente importante nos desentendimentos que ele e minha mãe tiveram no decorrer de sua vida conjugal.

É fácil perceber que não são poucos os casamentos que enfrentam conflitos, em razão de o homem ser mais instruído e educado que a mulher, ou vice-versa.

Minha mãe, antes de casar-se com meu pai, já passara por dois divórcios, trazendo consigo três filhos. Com certeza, o trauma dos dois fracassos anteriores a transformaram em uma mulher "desconfiada dos homens". Em contraposição, provavelmente meu pai também nutria desconfianças dessa mulher tão experiente.

Esses sentimentos velados, escondidos no interior do coração de um e de outro, explodiram na relação, provocando inúmeras tensões.

Quando eles se casaram, a situação financeira era precária. No Estado de Michigan, onde meus pais moravam, nasceram minhas irmãs Marian, Carol e eu. Papai trabalhava na fábrica de papel da cidade, onde ganhava dois dólares por dia. Se não tivéssemos uma horta, um diminuto pomar em casa, uma vaca, que nos fornecia leite, e galinhas, certamente teríamos passado fome.

A fome era um problema muito grave e, certa vez, provocou uma situação embaraçosa e hilariante.

Onde morávamos, era proibido caçar coelhos. Fazia muito frio, nevava bastante. E seis crianças achavam-se famintas: precisavam comer carne. Papai resolveu ignorar a lei. Saiu sorrateiramente para caçar, trazendo dois lindos, apetitosos e nutritivos coelhos. Sem demora, mamãe começou a prepará-los. Contudo, nosso vizinho, homem ranzinza e encrenqueiro, ligou para o "departamento de guarda florestal" e denunciou meu pai.

Nossa casa era minúscula. Quando o guarda bateu à nossa porta para conferir se a denúncia era verdadeira ou não, papai teve um trabalhão para, com seu corpo forte, esconder a figura de mamãe que, despreocupadamente, preparava os dois coelhos, ignorando o perigo tão próximo.

— *Eu, seu guarda? Não, eu não matei nenhum coelho!* Mas o cheiro gostoso da refeição proibida exalava pelo ambiente todo.

As dificuldades continuaram atingindo nossa casa, não só financeiramente. Um de meus irmãos por parte de mãe, Loren, morreu num acidente, aos sete anos de idade. Depois disso, meus pais resolveram mudar para o Estado da Califórnia, na tentativa de encontrar um emprego que melhorasse nossa condição de vida.

Eu tinha apenas quatro anos de idade, no entanto, lembro-me vagamente. Colocamos tudo que nos pertencia "num cansado FORD 1939" e viajamos mais ou menos 4.000 km, até a ensolarada Califórnia, onde papai foi trabalhar numa plataforma de drenagem na baía de São Francisco.

Em Hayward, onde fixamos residência, iniciou-se uma longa história que até hoje ainda não teve seu desfecho.

Meu irmão Franklin, naquela época, era adolescente. Aos 12 anos de idade, ele se envolveu com um grupo de rapazes do nosso bairro, metendo-se em muitas e variadas encrencas.

Tornou-se rebelde. Chegava em casa somente ao raiar do dia, e meu pai o castigava duramente, com surras terríveis. Por ser enteado, Franklin sentia muito mais o desagravo e, dia após dia, sua revolta e rebeldia aumentavam. Minha mãe também se ressentia da forma brutal como seu filho era castigado.

O problema cresceu em proporções, quando Joan também começou a dar trabalho.

Mudamos novamente. Dessa vez, fomos morar num lugarejo afastado, nas montanhas, com poucos habitantes, onde meus pais tinham a esperança de ver os dois filhos mais velhos livres das más companhias. Para frustração de ambos, essa tentativa resultou em fracasso total.

Com 16 anos, Joan apaixonou-se por um rapaz, considerado por todos, mau-caráter. Casou-se com ele, contrariando completamente a vontade de nossos pais. A união durou quinze meses. Resultado: com apenas 17 anos e divorciada, Joan tinha a responsabilidade de criar uma filha.

Franklin, por sua vez, em vez de endireitar-se, piorou. Suas amizades conseguiam ser as mais degradantes daquele lugar tão pequeno; as encrencas em que se metia agora eram bem mais sérias.

Aos 17 anos, casado e separado, mas também pai, ele era acusado e perseguido pela polícia local. Várias vezes, papai e mamãe viram-se obrigados a comparecer ao tribunal para implorar que seu filho não fosse preso.

Por ser uma cidadezinha de 125 habitantes, cada cidadão de North San Juan sabia da vergonha que "os Kemp" enfrentavam por causa de Frank. Ele conseguiu sair livre desse seu primeiro julgamento, mas, como num círculo vicioso, providenciou para si mesmo novas confusões, sendo, depois, preso e condenado. Recebeu pena de dez anos de detenção.

É óbvio que tantas dificuldades prejudicaram sensivelmente a vida familiar e, acima de tudo, o casamento de meus pais.

Você, que chegou até aqui na leitura sobre o que foi minha infância, adolescência e juventude, pode estar pensando: Mas é muita coisa ruim para uma família só! A verdade é que, infelizmente, fui educado num ambiente conflituoso e tempestuoso.

Não é fácil para mim expor toda esta série de problemas, mas, em breve, você poderá certificar-se de que há um propósito em tudo isso.

Quando toda situação se acalmou, continuamos nossa vida: papai, mamãe, Marian, Carol, eu e Barbara, que nascera pouco tempo depois. O período de tranquilidade não foi muito duradouro, pois Marian começou a namorar um jovem de quem meus pais não gostavam. Acabou se casando aos 17 anos, mas ninguém de nossa casa foi convidado para assistir a essa cerimônia.

Passaram-se sete meses. Um dia, mamãe recebeu um telefonema:

– Mamãe, é Marian.
– Oh, olá querida! Tudo bem?
– Sim. Estou ligando para avisá-la que tive um bebê.
– Um bebê? Sua gravidez é novidade para nós!... Ele está bem? Nasceu prematuro, não é?
– Não, mamãe! Ele está ótimo, mas não é prematuro.

Tanto meu pai quanto minha mãe sentiram-se enganados e foi muito difícil superar mais essa dor.

Carol também tem sua história. Quando crianças, eu e ela éramos muito amigos. Ela fazia parte das "Bandeirantes" e, ao que tudo levava a crer, estava satisfeita e equilibrada. Seu namorado, Jorge, era um rapaz especial para a nossa família, e todos aprovávamos o namoro.

Um dia, ele comunicou aos pais que viajaria para acampar e pescar com amigos. Carol avisou papai e mamãe que naquele final de semana estaria fora, numa excursão com as "Bandeirantes". Aproveitando-se da confiança que as famílias depositavam em sua conduta, os dois namorados viajaram para uma cidade próxima e desfrutaram aqueles dias juntos, num hotel.

Nada foi dito a ninguém, até que, cinco meses depois, Carol estava no banco com mamãe e desmaiou subitamente. O médico foi chamado. Depois de examiná-la, chamou minha mãe a um canto:

– Minha senhora, muitas moças passam por isso. Sua filha está grávida.

Durante dias seguidos, vi minha mãe chorar, inconformada. Jorge estava na Europa, viajando com amigos. Ao regressar, encontrou Carol no sétimo mês de gravidez. A surpresa inesperada, o susto, não evitaram o casamento, forçado pelas duas famílias, que terminou depois de algum tempo, deixando atrás de si duas filhas.

Barbara sonhava, um dia, em ser missionária. Preparou-se e estudou para isso. Na faculdade, encontrou um rapaz que partilhava os mesmos ideais. Casaram-se e foram trabalhar no Chile.

No começo, correu tudo bem, mas, depois de quatro anos, as dificuldades com a língua do país, a cultura diferente, problemas internos no trabalho que realizavam e constantes doenças dos três filhos fizeram o casal voltar para os Estados Unidos.

Os desentendimentos não cessaram. Oito anos após o dia em que prometeram viver juntos para sempre, um novo divórcio veio se incorporar à longa lista que minha família colecionava.

Nessa ocasião, pude encontrar minha irmã que, aos prantos, me disse:

– O que mais me dói é ele ter confessado que, na verdade, nunca me amou.

Agora, conhecendo um pouco mais da história do meu lar, gostaria que você meditasse comigo sobre algumas das razões que precipitaram o divórcio de meus pais:

1. quatorze mudanças,
2. graves dificuldades financeiras,
3. dez divórcios na família,
4. desconfianças mútuas,
5. falta de compreensão diante dos conflitos,
6. comunicação péssima,
7. sérios problemas com os filhos,
8. rejeição e mágoa dos filhos para com seus pais,
9. infidelidade conjugal,
10. falta de atenção, carinho e suprimento emocional de um para com o outro,
11. doenças graves (minha mãe foi operada de câncer duas vezes).

Atualmente, sinto dizer isto, tenho uma família desunida e infeliz.

Meus pais já faleceram. Desafortunadamente ambos partiram com magoas e culpas. Em outras palavras, partiram sozinhos e infelizes.

Joan, minha irmã mais velha, casou-se outra vez e vive com seu marido e três filhos, que já são casados. Ela está com mais de 70 anos de idade e parece ter conseguido a tranquilidade que buscou durante anos. Franklin saiu da prisão e casou-se com Mollie. Por intermédio do amor dessa mulher, ele conseguiu reorganizar sua vida. Com duas filhas, ele tem um lar estável, alcançando estabilidade também no setor profissional, como construtor. No entanto, as únicas pessoas com quem Franklin mantém contato, somos Marian, Joan e eu.

O casamento de Marian foi muito feliz, porém, quando completariam bodas de prata, algo triste aconteceu; John dirigia seu caminhão de transportes da Califórnia para o Oregon, quando sofreu ataque cardíaco e morreu. Atualmente, Marian vive só, mas recebe muito carinho dos filhos. Contudo, ela nutriu, por anos a fio, uma profunda mágoa de nossa mãe.

Talvez a vida de Carol seja a mais conturbada. Ela casou-se e divorciou-se três vezes. Sua filha mais velha está com mais de 30 anos e também já se divorciou três vezes. Quando tinha quatorze anos, essa moça teve seu primeiro filho, depois disso, mais dois.

Carol mora só, cercada de suas culpas. Ela dedicou-se inteiramente ao cuidado de mamãe, como forma de redimir-se de tantas desventuras. Depois de sua primeira tentativa, Barbara casou-se outra vez, mas não deu certo. Novamente divorciada, ela mora com seus três filhos adolescentes.

E eu?! Passo horas pensando nas consequências que tantas incompreensões, conflitos, desconfianças e tumultos me causaram.

Em primeiro lugar, tive de reconhecer que era inseguro, graças às constantes brigas e ameaças de divórcio que ouvia meus pais fazerem durante minha infância e adolescência. Sentia-me inferior e não aceitava minha família, mas também não conseguia aceitar-me, pois meu pai era muito rigoroso. Nada que eu fizesse lhe agradava, raramente recebia um elogio. Isso criou em mim uma convicção de que não prestava para nada e que meu futuro já estava fadado ao insucesso. Mesmo sendo inferiorizado por ele (penso que inconscientemente), não posso lembrar-me de um instante que tivesse deixado de amá-lo e respeitá-lo.

Tantas desilusões e casamentos malsucedidos não me proporcionavam nenhum modelo, ou padrão, em que eu pudesse basear minha vida sentimental. Levei muito tempo para vencer o medo que sentia do matrimônio. Contudo, mesmo criado numa família tão problemática, em que praticamente todos os membros têm marcas profundas de tristezas e dissabores, pude desfrutar uma vivência mais equilibrada e saudável. Não nego que passei por uma época de rebeldia e revolta. Como se diz popularmente, cheguei bem perto do precipício seguindo os passos do meu irmão, mas, aos 18 anos de idade, aconteceu algo que mudou radicalmente e por definitivo, os rumos da minha vida. No capítulo final, pretendo falar sobre o grande segredo que possibilitou que eu superasse as marcas do passado.

Depois de muito estudo e esforço financeiro, como que por milagre, consegui ser admitido numa faculdade em Los Angeles. O garoto caipira deixou a fazenda e foi para a cidade! O menino saiu da fazenda, mas esta nunca deixou de estar no seu coração. Meu primeiro ano foi terrível, pois não me adaptava à agitação da cidade grande.

Quando concluí o curso, fui fazer mestrado em outro Estado. E, em Portland, Oregon, tive a maior e mais gratificante surpresa da minha vida. Conheci uma linda garota loira de olhos verdes que estudava enfermagem.

Apesar de todas as minhas inseguranças e receios, em 1965 nos casamos, e essa mulher sempre me ajudou, nestes 42 anos de vida em comum, a enfrentar e a superar as lutas do dia-a-dia.

Em 1967, mudamos para o Brasil. Vivemos felizes aqui até o dia de hoje.

Não quero deixar com você a impressão de que minha vida com meus pais e irmãos só teve nuvens sombrias e carregadas.

Usufruímos muitas alegrias e épocas extremamente agradáveis, como:
– as saídas com meu pai para pescar;
– os passeios que Franklin e eu fazíamos juntos no carro conversível;
– as tardes em que íamos nadar no rio;
– os passeios de bicicleta com minhas irmãs;
– as reuniões familiares no Natal e em outras datas importantes para nós;
– a dedicação, cuidado e amor que minha mãe demonstrava por mim.

Se nos esforçarmos, poderemos concluir que não há nenhuma situação difícil que não tenha a oferecer um lado positivo, até mesmo recompensador.

Por que me expus dessa maneira com você? Creio que por três motivos:

1) Talvez, lendo este livro, você se identifique com a experiência de vida que eu tive. Meu intuito é conscientizá-lo de que, por mais pavoroso que o passado possa ter sido, o futuro sempre se oferece com esperanças e possibilidades renovadas.

2) Se eu tivesse crescido numa família sem nenhuma tensão, onde tudo transcorresse calma, fácil e equilibradamente, poderia falar apenas teoricamente sobre os conflitos familiares. Contudo, alio à teoria a vivência, sentindo-me com mais autoridade e experiência para ajudar tantos casais que têm procurado auxílio.

3) Na ARTE DE PERMANECER CASADO, o tempo passado na casa dos pais, a criação, os costumes familiares, o relacionamento entre os irmãos são de suma importância para o ajuste à vida conjugal. Nada, repito, nada acontece sem ter propósito. Creio que Deus está bem mais perto e

atento, do que podemos pensar, tanto nas circunstâncias corriqueiras, quanto nas importantes, de nossa vida. Ele sabe como transformar essas circunstâncias em nosso benefício, apesar de, à primeira vista, parecerem totalmente negativas.

Muita coisa mudou desde aquela noite de outono, quando deparei com o bilhete de minha mãe sobre a mesa.

Depois de presenciar por mais de trinta anos o sofrimento emocional de pessoas de minha família e de ter obtido experiência no meu próprio casamento e no contato com milhares de casais no Brasil, escrevo este livro com o propósito de auxiliar e orientar a outros tantos casais que têm buscado solução para os seus infortúnios.

Na ARTE DE PERMANECER CASADO, é necessário sermos lúcidos o bastante para compreendermos que situações vividas, quer sejam elas difíceis quer não, sempre podem contribuir para o enriquecimento da relação, se forem assimiladas do modo correto.

Capítulo 2 | O compromisso no casamento

"Até que os filhos, a sogra e outros nos separem..."

"Eu............. a(o) recebo como legítima(o) esposa(o) para cuidar e amar deste dia em diante, na alegria ou na tristeza, na riqueza ou na pobreza, na saúde ou na doença, até que a morte nos separe." Lembra-se dessas palavras? Você já as ouviu e as proferiu tempos atrás, não é mesmo? Ou será que esse momento da cerimônia do seu casamento foi esquecido?

Na sociedade permissiva em que vivemos, acostumada a fugir às responsabilidades, em que o que importa é a autogratificação, auto-satisfação e em que a palavra "comprometimento" foi quase retirada do vocabulário, pergunto-me: Por que atualmente há tanta separação, desquite e divórcio?

Sei que muitos fatores sociológicos, psicológicos estão envolvidos, porém, aqui, quero enfatizar um fator que, assim entendo, contribuí para tantas desuniões.

O conceito humanista permeia o mundo: Deus é retirado do centro do universo, em seu lugar, o indivíduo é entronizado – o eu. O ser humano é a autoridade máxima. Em consequência, a prioridade está na auto-satisfação, na auto-realização. Surge, assim, o hedonismo, "doutrina segundo a qual o prazer individual e imediato é o único bem possível, princípio e fim da vida moral" (Dicionário Aurélio, p. 892, 1982 – Ed. Nova Fronteira).

Isto repercute também no casamento. Se a pessoa com quem sou casado não corresponde às expectativas que eu tinha em relação a ela, a solução é simples: coloca-se um ponto final na união.

Uma jovem de mais ou menos 30 anos sofria de uma doença incurável, mas que levaria muito tempo para progredir. Ela sentiria dores fortes e se tornaria dependente. O próprio médico, certo dia, chamou seu marido e o aconselhou:

– Pense bem em toda situação. Ela não tem cura e, daqui para a frente, representará um fardo para você. Acho que seria bom considerar a hipótese de deixá-la, ainda mais que estão casados há pouco tempo e jamais poderão desenvolver um relacionamento normal.

Esse casal foi colocado diante de duas terríveis realidades: uma doença prolongada e incurável e um casamento que, se continuasse, nunca satisfaria plenamente a ambos.

Por que, então, permanecer casados?

Se aquele jovem marido, pensando apenas em si mesmo, fosse responder a essa pergunta, a resposta seria enfática: "Vou separar-me". No entanto, seus valores eram outros. O médico foi substituído, não a mulher, e eles conseguiram alcançar um ajustamento feliz até a morte dela.

Infelizmente, a psicologia moderna está corroída pelo conceito humanista ou hedonista, e vários médicos, psicólogos e psiquiatras dão seu aval a essa filosofia.

Realmente, há casos que exigem uma separação, contudo, ela não pode ser a válvula de escape para insatisfações, desentendimentos, ou supostas incompatibilidades (causa de desfecho de várias uniões), coisas que provavelmente poderiam ser contornadas.

Deus, quando criou o homem e a mulher e os entregou um ao outro estava instituindo a família. Resumidamente, foi assim que isso aconteceu: "Portanto, deixará o homem a seu pai e a sua mãe e unir-se-á à sua mulher, e serão uma só carne". Gênesis 2.24 ...unir-se-á à sua mulher. O verbo "unir" significa cimentar e indica a natureza permanente do casamento. As duas pessoas estão coladas uma à outra, extremamente próximas, por isso, qualquer tipo de separação é muito doloroso. Por exemplo, tente separar duas folhas de papel coladas. É praticamente impossível. Originalmente, Deus planejou o casamento para ser uma instituição permanente. Não até que a falta de dinheiro os separe, ou a sogra, ou os conflitos, ou a profissão, ou a amante, mas "até que a morte os separe".

Em nossa sociedade de "amor livre" precisamos bradar a importância e a permanência do casamento. Aliás, é interessante esta expressão: "amor livre". Na verdade, é uma contradição porque amor que é livre não é amor. E se é amor, não é livre. É comprometido com alguém.

É lamentável que em nossos dias o conceito de laços permanentes no casamento esteja sendo insidiosamente desmoronado. Mas não deveria ser assim, porque não são como os laços de fitas que amarram os bonitos presentes de casamento. São "laços de aço", forjados pelo calor, forjados através das crises e dos conflitos e da confirmação constante dos compromissos e votos do matrimônio. Este "se une" é um processo crescente. Por intermédio da variedade de circunstâncias e de situações da vida conjugal, há a oportunidade de constatar-se essa realidade nos mínimos detalhes. O homem e a mulher devem sempre se fazer esta pergunta: "Será que isto que vou fazer, ou vou dizer, ou pensar, vai nos unir ou nos separar?"

Fiquei comovido ao ler no livro *The first circle*, [*O primeiro círculo*] de Alexander Solzhenitsyn, a história de Nadya e Nerzhyn que ilustra perfeitamente o que é um compromisso permanente.

Eles estavam casados há pouco tempo. Ela, uma universitária procurando iniciar carreira, de repente é privada da companhia de Nerzhyn que foi feito prisioneiro político. As pressões que lhe foram impostas faziam o cumprimento dos votos matrimoniais se tornarem praticamente inviável. O futuro brilhante que se delineava na carreira de Nadya poderia ser obscurecido pela prisão do marido.

Nerzhyn, atrás daqueles muros, não via possibilidade de rever Nadya, retomar seu relacionamento afetivo e sexual. Talvez os dois se tornassem velhos e nunca mais pudessem sequer trocar um beijo.

Na universidade, Nadya teve oportunidade de iniciar um novo romance, mas o rejeitou com determinação.

Nerzhyn também travava sua luta pessoal no compromisso assumido para com sua esposa. Havia uma oficial do governo que várias vezes insinuara a intenção de manter um relacionamento amoroso com ele, o que lhe traria melhores condições como prisioneiro e, quem sabe, a liberdade. Mas ele também rejeitou essa possibilidade.

Em um momento de muita emoção e coragem, Nerzhyn explica àquela oficial que, mesmo sentindo a necessidade e o desejo de envolver-se com ela, não poderia fazê-lo, pois estava eternamente comprometido com sua mulher.

– Eu amo somente Nadya. Ela sacrificou sua juventude por mim. Se puder, quero voltar para ela sem que minha consciência me acuse em nada, pois sei que ela tem se mantido fiel.

Enquanto morreram para qualquer eventual relacionamento amoroso, Nerzhyn e Nadya ressuscitaram para um outro, mais sólido e puro, entre eles.

Uma infidelidade nessas circunstâncias, poderíamos argumentar, seria perdoável de ambas as partes, afinal a situação era extremamente difícil. No entanto, a realidade é que o exemplo desse casal citado no livro de Solzhenitsyn atravessou fronteiras e enriqueceu, desafiou e, confrontou um mundo de egoísmo e hedonismo contumazes.

Onde podemos nos apoiar para aprender a desenvolver um compromisso como esse, duradouro, total, permanente, apesar do bombardeio das circunstâncias contrárias e oportunidades favoráveis?

Arcar com as decisões e atitudes tomadas

A dignidade humana também se baseia na responsabilidade assumida em relação às próprias ações e atitudes. Prestar contas a alguém do que se faz e fala não é tarefa fácil, mas é um ótimo exercício para o desenvolvimento do caráter.

A sociedade desestrutura-se cada vez mais, atingida pelas ações irresponsáveis das pessoas que nela vivem.

Para haver comprometimento sério e permanente, é fator primordial que o ser humano, como criatura, em primeiro lugar, preste contas ao seu Deus, o Criador. Somente assim os compromissos poderão ser honrados, mesmo que o preço seja alto.

Felicidade – Não pode ser o alvo principal

É preciso buscar o real significado da vida num alvo que não seja unicamente "felicidade". Ela não é encontrada quando se torna um fim em si mesma.

Há uma lenda que diz poder encontrar-se no fim de cada arco-íris um pote cheinho de ouro. Lá a felicidade também pode ser encontrada, porém jamais ninguém conseguiu achar nenhum dos dois.

Quando os compromissos de lealdade, fidelidade etc. feitos no casamento são colocados como prioridade, a felicidade é um subproduto que vem como decorrência.

– Seja feliz num Chevrolet
– Hollywood – ao sucesso

A máquina da propaganda promete, dia após dia, sucesso, realização, mas, em nenhum dos produtos recomendados, essas características podem ser encontradas em definitivo. E quando essas promessas irreais são transferidas para o relacionamento mais íntimo da terra, é impossível elas se concretizarem.

Sem compromisso não há felicidade.

Casamento sem conflito – Um mito

Toda união conjugal atravessa conflitos. Não existe um lar que não sofra um transtorno, uma desavença, um desentendimento.

O último casal a quem prometeram "felicidade para sempre" foi Cinderela e seu príncipe encantado, e isso, numa história da Carochinha.

Mesmo que seu compromisso com seu marido ou esposa seja total, haverá momentos de irritação, impaciência, discussões e lágrimas.

Se os conflitos forem aproveitados corretamente, poderão colaborar para o aprofundamento do compromisso mútuo. À sua primeira aparição, eles não podem provocar dúvidas, mas sim desafios.

É mais fácil desistir do que investir

Periodicamente, eu e minha esposa Judith reafirmamos os votos assumidos 42 anos atrás. Sempre reservamos para nós um dia juntos em algum lugar, somente os dois. Ali, verbalmente, tornamos a repetir a disposição e o desejo de sermos leais um ao outro.

Aproveitamos ocasiões especiais, momentos significativos e, por meio de bilhetes, flores, cartas, pequenas lembranças e palavras, enfatizamos o juramento que fizemos.

Entre Judith e eu, a palavra divórcio não é citada nem cogitada, especialmente quando a ocasião é de impasse, de desentendimento.

Não usamos a possibilidade de divórcio como uma ameaça a que lançamos mão quando a pressão é muito forte, ou uma "carta escondida" que mostramos como trunfo para conseguir o que queremos. Ele não é uma alternativa, mas é elemento fora de questão.

Quando o casal desiste, leva consigo, do primeiro casamento, as incompreensões, mágoas e incoerências. Elas, por certo, aparecerão de alguma forma na segunda tentativa. As estatísticas provam que o segundo casamento, em geral, dá menos certo que o primeiro.

Não é possível esquecermos dos filhos, que além de sofrerem várias consequências negativas, absorvem o exemplo para, no futuro talvez, também desistirem de seus próprios casamentos quando passarem por conflitos e tensões.

Para mim, a maior prova disso está ilustrada em minha família: meus pais são divorciados. Minhas irmãs mais novas, logo em seguida, seguiram o mesmo caminho. Caberia aqui o ditado popular: "Tal pai, tal filho".

Direitos entregues – não exigidos

Voltemos à sociedade humanista que já citei. Num dia-a-dia em que a auto-satisfação é exacerbada, entregar os próprios direitos ao cônjuge soa esquisito, fora de moda.

Por experiência, já aprendi que, quando forço minha esposa a agir do modo que quero ou a fazer o que espero, sempre saio perdendo. Contudo, se voluntariamente abro mão, reconheço minha falha e dou espaço para que ela coloque seu parecer, recebo em troca uma reação semelhante.

Você acha que no seu casamento chegou a hora de "pendurar as chuteiras"?

Se você estiver nessa situação, pare para pensar um pouco, com mente aberta, que talvez tenha se enganado:

– em não arcar com as decisões e atitudes tomadas;

– em não fazer da sua felicidade o alvo principal do seu casamento;
– em não estar preparado para passar por conflitos;
– em querer desistir, em vez de investir;
– em exigir seus direitos, em vez de entregá-los.

Na ARTE DE PERMANECER CASADO, o ingrediente mais importante da receita é ser comprometido com seu cônjuge.

Capítulo 3 / O "deixar" - relacionamento com os sogros

"*F*eliz foi Adão que não teve sogra, nem caminhão"

Certa vez, recebi uma carta de uma senhora de Goiânia. Ela estava desesperada, arrasada, pois seu relacionamento com o marido ia muito mal. Afirmava estar prestes a separar-se por não encontrar uma solução diante da crise que atravessavam.

Na carta, ela expôs detalhadamente qual era seu problema: "...Meu sogro morreu, e meu marido, sem me consultar, trouxe sua mãe para morar conosco. A partir daí, eu e ele começamos a ter seriíssimos conflitos. Minha sogra "tomou conta" da cozinha.

Senti-me desnecessária, desvalorizada, mas não tive jeito e coragem de confrontá-la, dizer que eu mesma gostaria de cuidar das refeições da minha família e que não aprovava as mudanças que ela havia feito em minha casa. Mas não somente isso; diariamente, ela interfere, intrometendo-se na educação das crianças. Basta eu dar alguma tarefa para elas, ou mesmo uma ordem, que ela, imediatamente, as desobriga. Procurei conversar com meu esposo sobre tudo o que está acontecendo, mas ele não me dá ouvidos. Não vejo muitas chances de solucionar o problema, pastor Jaime, pois meu marido, em se tratando de sua mãe, é completamente fechado para qualquer tipo de diálogo. Estou muito propensa a buscar uma separação".

Continuamente, essa história se repete no mundo todo, mudando somente em alguns detalhes. Talvez, por isso, a sabedoria popular afirme com tanta veemência nos pára-choques de alguns caminhões: "Feliz foi Adão que não teve sogra, nem caminhão".

Particularmente, dou graças a Deus por minha sogra. Ela é ótima! Não interfere absolutamente em minha vida conjugal, nem interferiu na educação de minhas filhas. E sua maior virtude é morar a dez mil quilômetros de distância!

Gosto demais dos meus sogros, afinal de contas minha esposa é filha deles! Não tenho muitos problemas em nosso relacionamento. Eles têm nos ajudado bastante, orientado, aconselhado e exercido uma influência positiva no desenvolvimento de nossas filhas.

Ao instituir a família, milhares de anos atrás, Deus conhecedor de todas as coisas, já aconselhava o homem e a mulher que deixassem pai e mãe ao se unirem (*veja* Gn 2.24).

Para que a nova vida dos recém-casados possa seguir seu curso normal, o cordão umbilical precisa ser cortado. Isso não significa que os filhos cortarão o contato com seus pais ou que os abandonarão. Mas ambos, homem e mulher, assumem novas funções prioritárias. Eles passam a ser, antes de filho e filha, marido e mulher.

Os laços filiais adquirem segundo plano diante da ligação de maior intimidade que já foi instituída: o casamento.

Um compromisso total, físico, emocional etc. deve ser restrito apenas a ambos e não inclui outra pessoa, grupo ou profissão.

Essa atitude de "deixar", de desligar-se emocionalmente, de cortar o cordão umbilical, evidencia-se de três maneiras:

Deixar geográfico – "quem casa, quer casa"

O ditado é claro: não more com seus pais nem com outra pessoa, mas apenas vocês dois. Atrevo-me a adicionar mais uma pequena frase a esse ditado: "Quem casa quer casa, para não criar caso com os sogros".

Quero ser realista. Sei que na atual situação econômica do país, não é nada fácil para o rapaz que vai se casar, comprar ou alugar um apartamento (às vezes eles mais parecem "apertamentos") para iniciar sua vida de casado, morando sozinho com sua esposa.

Mesmo assim, penso que seria preferível que os jovens, antes de se lançarem no casamento aos 20 anos de idade, esperassem um pouco mais até terem suas convicções mais solidificadas e maior autonomia financeira, tudo isso para evitar dependência futura dos pais.

Por que Deus fez esta afirmação: "Portanto deixará o homem a seu pai e a sua mãe, e unir-se-á à sua mulher...".

Ele queria que o homem assumisse o compromisso da sua própria família e providenciasse o sustento e o bem-estar dela.

Deixar financeiramente

Enquanto viviam na casa dos pais, os filhos dependiam deles para a sua sobrevivência. Já casados, não devem continuar esperando deles o suprimento de suas necessidades financeiras. É possível que, até inconscientemente, os sogros comecem a manipular seus genros e noras, filhos e filhas, porque, mensalmente, dispõem de seu dinheiro para auxiliar o casal, que por sua vez sente-se tolhido em sua liberdade.

Outra consequência provável é que o homem recém-casado passe a considerar-se incapaz de exercer o papel de "provedor" do sustento da nova família e sua auto-imagem fique prejudicada. A mulher sabe que seu marido não pode lhe dar o que deseja, mas seu pai pode, e, assim, começa a depender mais de quem lhe dá maior segurança e estabilidade, sem perceber que o marido fica desmoralizado.

Deixar emocionalmente

Os filhos se desligarão, também emocionalmente, dos pais que sempre lhes deram amor, carinho e os ajudaram em todas as suas necessidades.

Se isto não ocorrer, o "unir-se-á", que significa "cimentar", será prejudicado. Creio que, na cultura brasileira, essa é a forma de "deixar" mais difícil.

Quero ilustrar por que penso assim:

Carlos e Andréa haviam acabado de se casar. Certa tarde, Andréa estava na cozinha preparando o jantar, quando pensou: *Que vou fazer de sobremesa? Ah, já sei... pudim de caramelo!*

Ela nunca havia feito esse prato antes, mas achava que estava na hora de aprender. Abriu o livro de receitas e seguiu fielmente as instruções. Carlos chegou, e os dois jantaram. Então, chegou o grande momento: a sobremesa! Com todo orgulho, ela retirou da geladeira seu primeiro pudim de caramelo e o serviu com todo carinho. Ele levou a primeira colherada à boca, fez uma careta e falou:

– Querida, você precisa aprender a fazer o pudim de caramelo igual ao da minha mãe. Peça a receita pra ela.

Diante dessas "sábias" palavras, Andréa pôs-se a chorar, e aquele casal teve a sua primeira briga. Na verdade, Carlos não havia se desligado de sua mãe (pelo menos, não se desligara de suas virtudes culinárias).

Maridos, quando vocês escolheram a mulher que agora é sua esposa, vocês também casaram com:
– o pudim de caramelo que ela faz,
– o bife que sempre fica duro,
– o café morno que ela serve,
– o suco geralmente gelado demais e sem açúcar,
– os costumeiros arroz empapado e feijão queimado.

Lembre-se: você não se casou com a mamãe, a titia, a vovó e, segundo seu modo de entender, a comida deliciosa que elas preparavam.

Para ser justo, não posso esquecer de dizer algumas coisas às esposas. Ao aceitá-lo como esposo, você se casou com:
– o salário dele. Não queira fazer compras todos os dias. Restrinja-se ao orçamento;
– com a calvície e a barriga que estão se tornando cada dia mais visíveis;
– com o ronco ensurdecedor de todas as noites.

Esta é a ARTE DE PERMANECER CASADO.

Tenho algumas considerações a fazer sobre o "deixar". Logo depois de casado, o homem começa a progredir em seu emprego e, pouco a pouco, este passa a tomar muito tempo, tempo que poderia ser dedicado à mulher. Ele chega em casa mais tarde, trabalha nos finais de semana, raramente tira férias. Como compensação, ele a presenteia constantemente; no entanto, ela não quer presentes, mas sim a companhia do marido.

De outro lado, há a mulher que trabalha fora, que quer seguir carreira e se empolga com suas atividades. Seus compromissos são numerosos, diários, estendendo-se até o final da noite. Assim, consegue ver seu esposo por apenas duas ou três horas. Não estou querendo dizer que as pessoas não devem trabalhar, ao contrário. Minha firme opinião é de que a carreira, o emprego e os estudos não devem, prioritariamente, tomar o espaço e o tempo que deveriam ser dedicados ao casal. Marido e mulher não podem ser apenas e tão-somente colegas de quarto.

Muitos casais não percebem que há outro perigo que os assedia sutilmente. Existem homens e mulheres que vêem seu relacionamento abalado pelos conflitos e, assim, passam a concentrar toda a sua atenção, tempo e carinho aos filhos, deixando de lado o seu cônjuge. Esta é uma maneira de fugir do problema. Pergunto: se seus filhos lhe fossem tirados hoje, como seria sua vida conjugal? Há interesses em comum entre vocês? Existe ao menos compreensão e respeito para procurar um diálogo e tentar melhorar a qualidade de vida que vocês levam?

Chamo sua atenção para esta verdade: ao se casarem, vocês se comprometeram a deixar certas prioridades individuais para dedicarem-se a uma união cimentada em convivência e companheirismo. Vieram os filhos que crescerão, também casarão e, novamente, vocês estarão a sós, pois eles não nasceram para ser exclusivamente dos pais.

O motivo que leva muitos casais ao divórcio depois de 25 ou 30 anos de casados é por não terem mais por que viver juntos depois do casamento dos filhos, sem lembrar que eles foram criados para ter sua própria vida e que, em oposição, marido e mulher foram feitos para viver um para o outro.

Agora, uma palavrinha para os pais. Se existe um presente que vocês podem dar aos seus filhos no dia do casamento, é a liberdade. Os filhos precisam saber disso, portanto é importante o pai e a mãe expressarem isso verbalmente.

Por reconhecer como esse fator é importante no desenvolvimento da nova família que se forma, nas cerimônias de casamento que faço, peço aos pais que digam ali, diante dos filhos, que se comprometem a liberá-los dos laços afetivos e materiais que os uniam.

Voltando à carta da senhora de Goiânia que citei no começo deste capítulo, o que você sugeriria para tentar solucionar aquele problema? Sou de opinião que, no caso, o marido é quem precipitou toda situação. Vamos por partes. Antes de decidir trazer sua mãe para morar em casa logo após a morte do pai, ele deveria ter consultado sua esposa, pois essa era uma decisão que competia a ambos. Uma vez que isso estivesse conversado e aprovado, seria hora dele esclarecer alguns pontos com sua mãe:

"Queremos que a senhora saiba que a amamos muito e, agora que papai morreu, gostaríamos que ficasse conosco, morando em nossa casa, para cuidarmos de você. Mas sinto que deveríamos deixar algumas coisas esclarecidas desde já, assim estaremos evitando problemas futuros. Quero que a senhora compreenda que a vida familiar tem várias funções e que, na cozinha, o território é de minha mulher. Claro que a senhora vai poder ajudá-la ou fazer algo especial quando tiver vontade, mas peço que sempre a consulte antes e que entenda que ela é quem delibera como as coisas devem caminhar.

"Em segundo lugar, nós dois, eu e ela, somos os responsáveis pela educação dos nossos filhos e, em hipótese alguma, gostaríamos que a senhora interferisse nisso, principalmente diante deles, a não ser que peçamos que o faça.

"Não quero que a senhora sinta-se magoada com o que estou colocando. Por amá-la muito, desejo preveni-la para evitarmos qualquer tipo de problema, então é melhor expor tudo agora.

"Compreenda mãe, já tenho uma família formada, com hábitos diferentes dos que tínhamos em nossa casa, portanto, peço que a senhora compreenda e, na medida do possível, procure se adaptar."

Se esse homem tivesse tido a coragem de, francamente, expor a situação à mãe, talvez sua esposa não chegasse a querer divorciar-se.

Em suma, a ARTE DE PERMANECER CASADO envolve aprender a arte de "deixar".

Finalizando, quero dar aos meus prezados leitores sugestões práticas aos sogros e aos recém-casados.

SUGESTÕES AOS SOGROS

– A tendência dos pais é dar palpites. Por essa razão, a primeira sugestão é não dar conselhos, a não ser que o casal peça. Mesmo nesse caso, pode-se dar uma sugestão, mas deve-se deixar o casal livre para aceitar ou rejeitar o conselho.

– Não imponha seus valores de vida aos seus filhos. Eles são indivíduos iniciando um novo lar. Eles devem ter o privilégio de estabelecer seus próprios padrões e desenvolver suas tradições independentemente de seus pais.

– Se seus filhos falarem alguma coisa confidencial com você, não passe para os outros, especialmente para amigos e parentes. Se quebrar a confiança, não espere que eles contem da próxima vez.

– Não use o dinheiro como uma arma contra seus filhos. Também não ofereça ajuda financeira, se eles não pedirem. É importante que o casal estabeleça a sua independência financeira. Pode ser difícil para você ver seu filho e o cônjuge enfrentarem lutas financeiras. Reconheça que essas lutas são necessárias e valiosas para que o casal possa desenvolver sua própria vida juntos.

– Não tome partido nas discussões do novo casal. Lembre-se: "A lealdade primária deve ser de um para com o outro, e não para com os pais".

– Não imponha suas ideias sobre como criar filhos. Procure aceitar a maneira como eles estão criando seus netos. Lembre-se que Deus responsabiliza os pais, e não os avós, pela educação dos filhos. Muitas vezes os pais falam para mim o seguinte: "Pastor Jaime, quando meus pais cuidam dos meus filhos por um só dia, eles voltam para casa indisciplinados". Eu sei que certas avós têm a mania de estragar os netos. E como isto dificulta o trabalho dos pais!

– Trate o casal com respeito, e não critique suas decisões. Há muitas coisas que eles têm de aprender e precisam fazê-lo sozinhos. Deixe-os cometer erros e, mesmo assim, nunca diga depois: "Eu avisei!".

– Procure manter uma comunicação aberta com seu genro e nora. Mostre interesse genuíno naquilo que interessa também a ele(a).

– Não viva sua vida por intermédio da vida de seus filhos. Procure desenvolver seu dia-a-dia com sua esposa ou marido. Não espere que o casal passe muito tempo com você. Ao dar liberdade ao novo casal, você estará construindo um relacionamento saudável com eles.

– Não trate seu genro ou nora como ladrão que roubou o amor de seu filho(a), mas abrace-o(a) como membro de sua família.

Sugestões aos recém-casados

– Não morem com seus pais depois de casados. Tentem viver na sua própria casa, mesmo que seja alugada e muito humilde. Morar com os pais, ou sogros, geralmente é uma péssima maneira de iniciar um novo lar.

– Não pense que qualquer um dos pais deve ajudá-los financeiramente.

– Cuidado com a atenção excessiva dada aos pais. Isso pode criar ciúmes e raízes de amargura no seu(sua) esposo(a). Quantas vezes ouvimos expressões como esta: "Para seus pais você sempre tem tempo, mas para mim não". Se um dos cônjuges comete esse erro, ele poderá estar jogando os pais contra seu(sua) esposo(a). A tendência natural, consciente ou inconsciente, será rejeitar os sogros; afinal de contas, eles estão roubando algo que é seu.

– Não use constantemente seus pais ou sogros como babás. Naturalmente, os avós vão querer cuidar dos netos, mas há o perigo de abusar dessa boa vontade.

– Não esqueça do aniversário dos seus pais e sogros. Pode parecer uma coisa pequena, mas você é capaz de ganhar sua sogra com um ramalhete de rosas dado no seu aniversário.

– De vez em quando, expresse verbalmente sentimentos positivos para com os pais. Eles precisam saber que são importantes em sua vida.

– Descubra que tipo de relacionamento seus pais e sogros esperam de vocês. Por exemplo: com que frequência eles podem visitá-los ou lhes telefonar? Até onde pode ir a influência deles na disciplina de seus filhos?

– Procure demonstrar amor aos seus sogros. De vez em quando pergunte a si mesmo: "Que tenho feito, recentemente, para demonstrar que os aprecio e os amo?"

Capítulo 4 | Uma só carne - união

Hoje em dia, os conceitos sobre o casamento são encarados de modo inteiramente diferente de tempos atrás. Em consequência disso, as pessoas quando casam iniciam a "nova vida" com algumas convicções e atitudes que me preocupam muito. Possivelmente, isto esteja contribuindo para o aumento do índice de tantas separações e divórcios.

Em um passado não muito distante, as mulheres encaravam seus problemas e conflitos conjugais como normais. Quando a situação se tornava mais tensa, elas procuravam a ajuda e o conselho na experiência de suas mães, mas descobriam que estas pouco podiam ajudá-las, pois também tinham os mesmos problemas com seus próprios maridos. Atravessar uma crise séria e, sentir-se infeliz não eram motivo suficiente para precipitar uma separação.

Grande parte das mulheres acomodava-se no seguinte raciocínio: "Ele não bebe muito, não bate em mim, não anda atrás de outras mulheres, não deixa faltar nada em casa, o que posso querer mais? Em certas áreas, é muito difícil conviver com ele, mas, em outras, ele é bonzinho, então tudo bem. Vou aguentar firme".

Entretanto, hoje em dia, as mulheres encaram felicidade, auto-realização, valorização do seu potencial como os principais alvos do seu casamento. Se a escolha que fizeram não preencher essas expectativas, então o divórcio é plenamente justificável.

Os meios de comunicação, a literatura e a própria filosofia de vida desenvolvida atualmente levam tanto o homem quanto a mulher a cometer um sério engano.

Afinal de contas, o que é felicidade, auto-realização e ser valorizado?

Segundo os padrões da atualidade, será que ela deve mesmo basear-se apenas em um belo apartamento num bairro nobre, ou dois carros na garagem? Numa vida cheia de aventuras e encantamentos? Numa alegria supostamente interminável? Numa posição profissional invejável, porém envolvente, a ponto de consumir a pessoa dezoito horas por dia?

Acredito na frase: "O indivíduo deve poder ver seu potencial desenvolvido por intermédio do casamento sentindo-se, assim, realizado". Mas acredito também que é necessário definir-se corretamente o que é auto-realização.

Na imensa diversidade de relacionamentos matrimoniais existem três modelos, aos quais recorrerei para procurar explicar como as pessoas buscam sua felicidade.

Auto-realização

Significaria encontrar no casamento todas as almejadas experiências interessantes e emocionantes. É sentir-se amado, valorizado, e ter espaço para crescer em suas potencialidades, desenvolvendo-as livremente, explorando ao máximo a criatividade pessoal.

Tomemos por ilustração uma árvore frutífera plantada num pomar. O propósito disso é que ela cresça e frutifique. Se o solo em que isso foi feito não lhe dá condições de se tornar bonita e exibir os seus frutos, então ela deve ser arrancada dali e plantada em outro pomar.

Se o casamento não proporciona a um dos cônjuges a liberdade de ver frutificada a sua criatividade, suas raízes serão arrancadas daquele solo e plantadas em outro, na esperança de sentirem-se felizes por meio da nova tentativa. No entanto, há o perigo de também esse pomar ir pouco a pouco perdendo seus nutrientes. A procura repetida por um solo propício desgasta a árvore, prejudicando a qualidade de seus frutos.

Não há amor que resista a tal modelo. Ao se casar, um dos dois, ou ambos, têm em mente uma meta egoísta, auto-centralizada, que o(a) faz ser muito exigente. Apesar de toda determinação, o sucesso não é garantido, com o agravante de o amor ir murchando até morrer.

Num casamento, o alvo prioritário não deve ser somente a auto-realização, mas o esforço para procurar enriquecer, valorizar o cônjuge, vê-lo também satisfeito em seus ideais.

Certamente, isso contribuirá para a sua felicidade pessoal e a do relacionamento.

Você que agora lê este livro, talvez esteja ponderando se deve arrancar suas raízes do pomar em que estão plantadas e experimentar outro solo, porque, afinal, seu casamento está péssimo, monótono, atravessando uma crise tão difícil que não deixa antever nenhuma perspectiva de solução. Quero que antes de tomar essa decisão, você saiba que há o risco de ocorrer outro fracasso numa nova relação.

Uma pessoa que se preocupa apenas consigo mesma encontra uma maneira de manipular e de explorar o cônjuge que partilha com ela uma vida conjugal. Ela não é capaz de assumir compromissos longos, pois, se porventura um problema acontecer, não pode ser desviada de seus alvos.

Quando o cônjuge necessitar demasiadamente dela, talvez em caso de doença, invalidez, ela não pode dedicar-se ao companheiro(a). Se o outro estiver enfrentando um período difícil, confuso e cair em depressão, ela não conseguirá entendê-lo(a), pois não quer ser afastada(o) de suas prioridades.

Outra pessoa aparece, mais interessante e independente, até mais atraente na ocasião. "A grama é sempre mais verde no quintal do vizinho", até que passemos ao outro lado e percebamos que não era assim, chegando à conclusão de que estávamos enganados.

Comprometidos até o fim

Para os que encaram o matrimônio dessa maneira, os compromissos feitos nas cerimônias civil e religiosa não foram somente meros rituais. Também estes esperam sentir-se realizados e consideram isso importante. Querem ser valorizados, felizes através do casamento, mas mesmo que isso não ocorra, mesmo que a frustração seja companhia inconfessada, o compromisso está acima de tudo. É como uma firma em que duas pessoas assinam um contrato de sociedade e comprometem-se a levar o empreendimento ao sucesso, mesmo em meio às desavenças, aos pontos de vista contrários, às frustrações. O contrato assinado precisa ser cumprido, então só ele é relevante.

O perigo desse modelo é que duas palavras pronunciadas no dia em que o compromisso foi selado, geralmente são esquecidas: "Prometo amar".

A individualidade e o egoísmo do casamento que busca a auto-realização são condenados. Entretanto, os que ingressam numa união baseada apenas em compromisso, não percebem, muitas vezes, que incorrem no mesmo erro, apenas para manter as aparências. São pessoas preocupadas com a responsabilidade que tomaram para si ou com o célebre – "O que os outros vão dizer se eu me separar?". Estão solitários numa experiência que, com amor, é vivida a dois.

Possivelmente, a busca por uma realização pessoal tenha se acentuado tanto, atualmente, como reação contra tantos casamentos apenas éticos. O que falta nos matrimônios são os compromissos de amor, companheirismo, amizade, romantismo.

Nos dois modelos que acabei de descrever, falta a compreensão do que Deus tinha em mente quando disse ao instituir o casamento: "...e serão uma só carne".

Dois mais dois = um (uma só carne)

O que Deus quer dizer com isso? Será que se referia ao momento em que o homem e a mulher se entrelaçam durante a relação sexual? Será que não há um significado mais profundo?

Há, e ele abrange as áreas física, emocional e espiritual.

Física

Se a falta de comunicação é fator proeminente nas desventuras matrimoniais, os problemas sexuais vêm logo depois.

Graça a isso, Masters e Johnson (William H. Masters e Virgina E. Johnson – *"Human sexual responses"* [As repostas sexuais humanas] – Boston Little, Brown Co., 1966), estudiosos da vida sexual humana, fazem várias pesquisas para entender melhor as respostas sexuais. Como resultado, comprovaram três tipos de problemas que, potencialmente, diminuem o interesse sexual e são barreiras nos padrões normais de despertamento orgásmico.

1 – Problemas pessoais

Barreiras ou inibições psicológicas, às vezes recebidas por experiências do passado, que envolveram a sexualidade e causaram dor emocional, como: estupro, incesto, punição da curiosidade sexual.

2 – Problemas entre os cônjuges

Tensões relacionadas com falta de comunicação, irritações, ressentimento, medo de rejeição, culpa por falhas ou fracassos do passado.

3 – Problemas com a técnica sexual

Conhecimento inadequado de como se relacionar sexualmente, numa maneira que promova desejo, despertamento e orgasmo.

Não tenho a intenção de discorrer sobre cada um desses problemas nem de oferecer sugestões de como solucioná-los.

No capítulo A vida sexual do casal darei uma visão mais ampla. Contudo, agora, ilustrarei uma das áreas que Masters e Johnson destacaram: problemas pessoais.

Uma menina de sete anos foi violentada por seu pai. Por causa dessa experiência terrível, ela toma para si uma verdade irreal: todos os homens são fonte de dor. Machucam as mulheres física e emocionalmente e não são confiáveis.

Um dia, ela se casa, mas, na noite de núpcias, começa seu tormento. Quando o marido se aproxima algo acontece e ela se torna fria, incapaz de corresponder ao desejo de seu esposo.

Ele procura ser paciente, compreensivo, mas não consegue esconder seu desapontamento, sua frustração.

Ela se considera um fracasso e se sente culpada.

Algum tempo depois, é possível encontrá-la afastada do marido, protegendo-se para evitar sofrer, no seu entender, outra dor emocional e física. Ela tem medo, é insegura e está controlada por esses sentimentos graças a uma ideia errada do que é a relação sexual. Essa mulher não consegue transpor seus traumas, receber e dar amor ao seu marido. Está além de suas forças encarar todo o medo e toda a insegurança que a derrotam.

A marca emocional, causada pela violência sexual cometida contra ela na infância, prejudicou o entendimento sadio e correto que o ser humano deve ter sobre o ato sexual.

Ao crer que a relação corporal com um homem, mesmo que este seja seu marido, ameaça legitimamente a segurança da mulher, ela acaba por construir um bloqueio quase intransponível. A solução de toda problemática não depende de ela desenvolver confiança de que seu marido não a machucará, mas sim confrontar a crença de que uma vida sexual com ele não é evidência de amor, mas de violência, humilhação e dor.

Como podemos observar, na área sexual, seja qual for o problema – pessoal, conflito entre os cônjuges ou de ordem técnica – para desenvolver-se a experiência de os dois "serão uma só carne", o casal precisa aprender a lidar, confrontar e solucionar esses problemas de modo satisfatório.

Defino o viver como "uma só carne" na área física, por meio do prazer sexual que traz significado ao relacionamento. Necessidades físicas e emocionais são supridas com uma vida sexual altamente gratificante.

Quando a área sexual é ajustada, recompensadora e feliz, ela fortalece os laços de um casamento. Por outro lado, sérias dificuldades sexuais impedem o desenvolvimento emocional de um matrimônio.

Emocional

Quando começa o ato sexual? Costumo fazer essa pergunta em minhas palestras sobre vida familiar, e as respostas que ouço são as mais diversas.

Ao afirmar que ele começa na cozinha, percebo o rosto surpreso, até um pouco indignado de algumas pessoas, como que perguntando: "Como? Isso não seria nada discreto".

A mulher quando faz aquele pudim de leite que seu marido tanto gosta e diz a ele que fez isso pensando nele, só para agradá-lo, porque o ama, aí se inicia o ato sexual.

O homem, ao sussurrar no ouvido de sua esposa que gostou muito do pudim, que a ama e que a deseja, começou a acender a chama para a relação sexual.

Alguns homens desejariam que suas mulheres trouxessem, fazendo parte de seu corpo, dois botões adicionais de *liga-desliga*.

Ao chegar em casa, desejando manter uma relação sexual, ele acionaria o botão *liga* e, de imediato, apesar de exausta e das preocupações, ela se tornaria sensual, vestiria sua camisola mais *sexy* e o chamaria para a cama. Depois do ato sexual, cansado, ele apertaria o botão *desliga*, viraria para o lado e dormiria, pois sua esposa imediatamente faria o mesmo.

Mas o relacionamento sexual não é só físico. Principalmente para a mulher, ele também é emocional. Para existir um equilíbrio entre as duas áreas, a física e a emocional, os casais precisam convencer-se de que um é extensão do outro.

Tal sentimento pode ser ilustrado utilizando o relacionamento entre os pais e os filhos. Para mim, que sou pai é fácil entender a comparação. Quando a criança está doente, os pais também estão. Quando o filho consegue obter vitória diante de uma dificuldade, os pais sentem-se vitoriosos. Se, porém, ele está infeliz, ameaçado, derrotado, os pais estão com ele.

Alguns anos atrás, lancei meu primeiro livro. Minha mulher estava comigo e participou integralmente da alegria de eu ter atingido um alvo tão desejado.

Quando ela atravessou uma seriíssima depressão, em 1977, acompanhei-a por aquele vale escuro.

Mais tarde, ela me disse que se eu não a encorajasse diariamente, falando constantemente que sabia que a situação melhoraria, ela teria sucumbido.

Quando nossa filha mais velha começou a namorar, nós acompanhamos seu namoro orientando-a e tentando "não meter o bico" no relacionamento dos dois pombinhos.

Judith e eu já planejamos nosso futuro, discutindo sobre os planos e as atividades que teremos, sonhando em relação a alguns alvos que temos e que não podíamos concretizar, pois tínhamos a responsabilidade de criar e educar nossas filhas.

Em suma, encaramos em nossa vida conjugal os interesses, os anseios, as expectativas, os sonhos, as derrotas, as tristezas, as alegrias, as vitórias de um como parte da vida do outro.

Em oposto a isso, há o casal que vive a vida de casado individualmente. Ambos trabalham, têm suas carreiras, seus projetos, seus amigos, suas atividades separadamente. Vivem na mesma casa, comem a mesma refeição juntos, dormem na mesma cama, relacionam-se com os mesmos filhos, mas não aceitam um como extensão do outro e, o que é pior, às vezes, competem entre si e até se tornam inimigos.

Não estou afirmando que num casamento deva se perder a individualidade, a personalidade, destruindo-se o próprio temperamento, mas que um necessita complementar o outro para que, individualmente, ambos possam ter seu potencial aproveitado ao máximo. Por conseguinte, ocorrerá a realização e a felicidade tão procuradas.

Para que tudo se torne real, ainda deve ser ressaltada a "dinâmica espiritual". No entanto, aguardarei para explicar essa área no último capítulo deste livro.

Na ARTE DE PERMANECER CASADO, a auto-realização não pode ser a meta principal. O compromisso de continuar o casamento somente para salvar as aparências, sem ter o "elo do amor" a fortalecer realmente as promessas assumidas é, definitivamente, uma maneira errada de encarar a vida em comum.

Na ARTE DE PERMANECER CASADO é necessário viver-se a experiência de serem os dois "uma só carne".

Capítulo 5 | Tornar-se os maiores amigos

Prezado pastor Jaime Kemp,

"Estou lhe escrevendo esta carta na esperança de que o senhor possa me ajudar, pois confesso, estou totalmente confusa. Sou casada há 23 anos, mas as coisas não estão nada bem. Meu marido e eu não nos amamos mais! Não sentimos ódio ou raiva um do outro, mas simplesmente o relacionamento esfriou. Na verdade, ficou "gelado", muito aborrecido, chato, enfadonho. Nossa comunicação, nosso diálogo são inexistentes. Um não sabe absolutamente nada do que o outro pensa. Conversamos apenas o necessário para duas pessoas que vivem na mesma casa.

"Costumávamos trocar ideias, conversar bastante, principalmente a respeito dos nossos filhos. No entanto, agora eles também estão casados e parece que nossa comunicação partiu com eles.

"Se o senhor me perguntar se há alguma queixa em relação ao meu marido, devo ser sincera e dizer que não. Ele não me espanca, nunca se excedeu na bebida, não deixa que nada falte em nossa casa e, até onde possa saber, é fiel a mim.

"Nossa vida em comum se resume a tomarmos as refeições e assistirmos à televisão juntos. Quando alguns amigos estão conosco, ainda trocamos algumas frases a mais, no entanto, quando ficamos novamente a sós, o mutismo retorna. Não temos relação sexual faz anos. Sendo bem sincera, dormimos em quartos separados.

"Não há mais nenhum encantamento em vivermos juntos!

Pastor Jaime, em sua opinião, há algo que possa ser feito para que o amor, o romantismo e a alegria que sentíamos no início do nosso casamento retornem hoje, talvez não com a mesma intensidade, com tantas ilusões, mas mais fortalecidos e estáveis pelo passar dos anos?

"Questiono-me se há alguma motivação para continuar um relacionamento assim: se não puder encontrar uma saída para a minha situação, vou separar-me.

"Como vê, preciso de sua ajuda e vou aguardá-la com ansiedade. Grata desde já",

LOURDES

Essa carta é o retrato de muitos casamentos. Pessoas sofrendo suas incertezas, suas tristezas e seus fracassos matrimoniais sem falar sobre eles a ninguém. Apenas levando adiante, quietas, a carga de uma grande desilusão.

Tempos atrás, a revista americana *Redbook* publicou uma pesquisa sobre quais os principais problemas que levam marido e mulher à separação. Com o auxílio de 730 conselheiros em assuntos conjugais, foram destacados dez motivos:

1 – quebra de comunicação;
2 – perda de interesses e de objetivos em comum;
3 – incompatibilidade sexual;
4 – infidelidade;
5 – desaparecimento do companheirismo, da alegria, da cumplicidade e do encantamento de viverem juntos;
6 – dinheiro;
7 – discordâncias em relação aos filhos;
8 – uso de álcool e drogas;
9 – igualdade e direitos da mulher;
10 – os sogros.

Achei muito interessante que, ressaltado em quinto lugar, está o problema do matrimônio ter se tornado desmotivador, "sem graça".

Como conselheiro familiar, tenho algo a dizer aos casais que enfrentam essa dificuldade.

Será que há possibilidade de esquentar um casamento frio, descongelar uma relação que está congelada? Tenho boas notícias! Creio que é plenamente possível e, para prová-lo, recorro ao que considero essencial para reativar uma relação que se transformou numa geladeira: *o amor phileo*.

Antes de descrever essa característica do amor, quero dar uma visão geral sobre todos os outros aspectos que ele encerra. Há cinco palavras gregas que definem o amor. Colocadas juntas e agindo entre si, elas formam um mosaico desse sentimento que já foi tão deturpado pela incompreensão do ser humano.

Atualmente, amor é citado quando a pessoa quer expressar uma série de sentimentos:

– Eu amo futebol!
– Eu amo as músicas que o Roberto Carlos canta!
– Eu amo minha moto!
– Eu amo meu carro!

Ao ligar o aparelho de TV, vemos um casal que acaba de se conhecer, simpatiza-se mutuamente e vai para um motel ter uma "noite de amor".

Há filmes que falam de amor e lealdade entre dois irmãos ou entre dois soldados que passam juntos os horrores da guerra.

O sentimento "amor" nunca saiu e nunca sairá da moda, mas minha preocupação é que ele, quase sempre, não é entendido em sua amplitude.

O idioma grego é muito abrangente e exato. Quando utiliza uma palavra, o faz do modo certo, no contexto correto.

Amor epithumia

Esse tipo de amor reflete um forte desejo, ou cobiça, e pode enveredar para sentimentos positivos ou negativos. Ele almeja algo e anseia conseguir alcançá-lo. No casamento está inserido na atração e no desejo sexual que o homem sente pela mulher e vice-versa.

Amor eros

É o aspecto do amor mais divulgado e popular. Ele também traz a conotação sexual, contudo se refere mais especificamente a romantismo, paixão, atração física, sentimentalismo.

Contudo, se num casamento a base foi construída sobre ele, certamente haverá um naufrágio diante das lutas, dos conflitos e, até mesmo, da adaptação normal à vida conjugal.

O EROS é volúvel, superficial, superegoísta e, num matrimônio, ele necessita das outras caracterizantes do amor para apoiá-lo, sustentá-lo, porque, em si mesmo, não tem forças para consolidar uma união.

Amor STORGE

Ele preenche a grande necessidade que a criatura humana tem de sentir-se participante, aceita numa família, num grupo de amigos, numa firma, universidade etc... É sentir-se seguro, pertencente, protegido. É ter a certeza de obter refúgio acolhedor diante das tempestades do dia-a-dia. Milhares de crianças no Brasil nunca tiveram a chance de sentir esse amor. Provavelmente, mais tarde, terão dificuldade de praticá-lo em seus casamentos.

Amor PHILEO

Enquanto o EROS desenvolve um relacionamento romântico, o PHILEO se concentra na amizade. É um amor emocional, implica duas pessoas dividirem, num clima de sincera camaradagem, suas alegrias, suas tristezas, seus sonhos, seus objetivos, seus julgamentos, suas decepções etc... Sem esse aspecto do amor, um casamento não tem colorido algum.

Amor ÁGAPE

Não contém qualquer sentimento egoísta. Em vez disso, dá de si sem esperar nenhuma retribuição. O maior exemplo desse amor nos é dado por Deus e descrito com muita propriedade nas Escrituras pelo apóstolo João:

"Pois Deus amou tanto o mundo que entregou o seu Filho único, para que todo o que nele crer não pereça, mas tenha a vida eterna" (Jo 3.16; Bíblia Viva), e pelo apóstolo Paulo:

"O amor é paciente, o amor é prestativo, não é invejoso, não se ostenta, não se incha de orgulho, nada faz de inconveniente, não procura o seu próprio interesse, não se irrita, não guarda rancor, não se alegra com a injustiça, mas se regozija com a verdade, tudo desculpa, tudo crê, tudo espera, tudo suporta" (1Co 13.4-7; Bíblia Viva).

Esta é a faceta mais importante do amor. Se conseguíssemos desenvolvê-lo aprendendo a amar com o mesmo tipo de amor que Deus nos ama, encontraríamos a chave para a ARTE DE PERMANECER CASADOS.

Entretanto, neste capítulo me deterei no amor PHILEO. Positivamente, em grande parte dos casamentos atuais, esta é a forma mais defasada de demonstrar amor. Se fosse mais considerado pelos casais, certamente os divórcios decresceriam acentuadamente.

CARACTERÍSTICAS DO AMOR PHILEO
É COMUNICATIVO

Dificilmente esquecerei de uma palestra que fiz há algum tempo no Rio de Janeiro.

Eu, justamente, falava sobre esse tipo de amor, emocional, quando resolvi sugerir algo novo e prático.

Pedi a todos os maridos e noivos que estavam no auditório para olharem suas esposas e noivas com um sorriso, afirmando: "Querida, eu te amo!".

Houve um zum, zum, zum, e vi vários homens levantando para atravessar o recinto em toda sua extensão.

Pensei: *Puxa, nem ao menos estão sentados com suas mulheres e noivas?* No final, um casal veio falar comigo. Estavam casados havia vários anos. Com lágrimas nos olhos, ele tentou dizer-me algo, mas não conseguiu. Então, sua esposa falou: "Pastor Jaime, eu sei o que ele quer dizer. Somos casados há trinta anos, e esta foi a primeira vez, desde que nos casamos, que ele afirmou que me ama. Acho que, com isso, conseguimos começar a quebrar o gelo em que temos vivido".

É ATENCIOSO

Às vezes, o amor morre porque não fazemos nada. Mas o amor é dinâmico, não é estático. É como uma planta que deve receber cultivo para se tornar bonita e viçosa. Ela tem de receber sol, água, luz, fertilizante, enfim, precisa ser cuidada.

O melhor modo de contribuir para que um casamento esfrie e o amor morra é não fazer nada. Muitos casais agem assim. Quando isso acontece, a vida conjugal passa a ser aborrecida, monótona, cheia de contrariedades e brigas. O amor se expressa de maneiras práticas e, às vezes, pequenas, como uma palavra de elogio, um presente de aniversário, uma comida especial, feita como ele gosta, um inesperado botão de rosa etc... Sem essas simples demonstrações cotidianas, o relacionamento fica enregelado.

É PARTICIPANTE

As pessoas, quando têm uma amizade sincera, gostam de estar e fazer coisas juntas.

Não posso generalizar, mas sei que alguns homens têm uma visão errônea das mulheres com quem estão casados.

Para eles, elas são aquelas criaturas bondosas que foram escolhidas para cuidar de seus filhos, lavar e passar roupa, fazer refeições apetitosas, isto é, no entender deles, cumprir o "seu papel" de esposa e nada mais. Mas a mulher quer algo mais!

Como não tem com quem conversar sobre si mesma, suas expectativas e seus problemas, ela procura encontrar esse tipo de respaldo em uma ou duas amigas. Contudo, sua necessidade emocional não fica totalmente suprida, pois seu marido não participa de sua vida também como amigo.

Será que você é o(a) melhor amigo(a) de sua esposa(o)?

Claro que o círculo de amizades de um casal não pode ficar resumido somente aos dois.

Tanto o homem quanto a mulher precisam se relacionar com outras pessoas do seu respectivo sexo para trocar ideias, divertirem-se, indo a um jogo de futebol, a um passeio no *shopping center*, coisas simples assim.

Sou um torcedor fanático do tradicional e glorioso "Palmeiras". Aprecio demais ir com um amigo ao estádio para assistir aos jogos de meu time, mas não dispenso sentar-me no sofá da sala de casa e, descontraidamente, conversar com minha esposa, e também amiga, Judith.

É COMPREENSIVO

Alguém me disse que é uma pena a vida de casado durar mais ou menos cinquenta anos, pois, quando se consegue compreender o cônjuge, a morte já ronda um dos dois. Compreender seu marido ou mulher envolve um longo processo.

Cada um de nós necessita de alguém extremamente confiável e compreensivo com quem possa ser autêntico, com quem consiga tirar "a máscara" e mostrar quem realmente é.

Qual a pessoa mais adequada para ter esse tipo de compreensão do que nosso cônjuge?

Penso que seria proveitosa uma simples avaliação pessoal para tentar perceber se o nível de amizade e intimidade com seu marido ou mulher é profundo:

1. Você consegue compartilhar abertamente com seu cônjuge, sem constrangimento?
2. Você se sente incondicionalmente aceito por ele(a), mesmo quando está muito deprimido(a)?
3. Você se sente totalmente livre para ser o que realmente é diante do seu marido ou mulher, sem lançar mão do recurso da "máscara"?
4. Você tem liberdade e intimidade suficientes com seu marido ou mulher, a ponto de cobrar atitudes e ações dele(a) e permitir que ele(a) faça o mesmo?
5. Você é capaz de discordar das opiniões do seu cônjuge, sem rejeitá-lo?
6. Você se preocupa em ser sensível e demonstrar carinho e atenção ao seu parceiro, mesmo que seja em pequenas coisas?
7. Você dá espaço para que seu marido, sua mulher, desenvolva amizade com outras pessoas?

Acho que você pode avaliar, por intermédio dessas indicações e de outras, que você talvez tenha captado durante a leitura deste capítulo, se o amor PHILEO faz, ou não, parte do seu casamento.

Na ARTE DE PERMANECER CASADO, considero que o fator emocional não deve jamais ser negligenciado. No mundo contemporâneo, quando os relacionamentos, cada vez mais, enveredam para o individualismo, os casais devem lutar para conscientizar-se e desenvolver esse importantíssimo aspecto do amor.

Capítulo 6 | Suprir as necessidades um do outro

Depois de mais um dia de trabalho, certo empresário voltava para sua casa com uma surpresa para a sua esposa. Era aniversário dela, e o presente que ele mandara comprar o deixava ansioso para presenciar que reação ela teria.

– Feliz aniversário, meu bem! – disse ele, quando chegou, estendendo-lhe as chaves de um carro novinho e reluzente.

A mulher olhou bem para o marido, pegou as chaves e as jogou no chão. Depois, lhe deu as costas, subiu para o quarto onde arrumou uma mala com algumas roupas e objetos e, em seguida, deixou aquela casa.

O homem ficou estupefato, pasmo! O que acontecera?

Depois de alguns dias, já mais calma e disposta a dialogar, ela voltou.

– Preciso que você saiba como me sinto, disse ela ao marido. Sempre, desde que nos casamos, você me dá uma variedade de presentes caríssimos: esta casa enorme e luxuosa, a casa da praia, iate, roupas e jóias valiosíssimas, mas nunca, preste atenção, nunca você se preocupou em perguntar o que eu realmente queria. Lógico que aprecio todos os presentes, mas minha maior necessidade é tê-lo perto de mim. Quase não o vejo, quase não temos tempo para conversar. Você não consegue encontrar horário para me dar um pouco de atenção, carinho, amor. Vivo praticamente sozinha, rodeada por toda essa riqueza. Nos raros momentos de folga, nossa casa se enche de gente por causa das festas e reuniões que você promove. Chego a pensar que nosso casamento está no fim.

O riquíssimo empresário sentiu-se desapontado consigo mesmo. Ele amava muito sua esposa e pensava que todos aqueles presentes demonstravam isso, mas esqueceu-se de algo muito importante: dar de si mesmo a ela.

Quero que você saiba que tudo isto aconteceu realmente e ilustra com perfeição o que pretendo abordar neste capítulo.

Na ARTE DE PERMANECER CASADO, um dos segredos para obter-se um relacionamento bem-sucedido é estar atento às necessidades do parceiro e também estar disposto(a) a supri-las, na medida do possível.

No capítulo 2, o tema discutido foi "o compromisso no casamento". Nele falei sobre a maneira como o humanismo e o hedonismo contaminam e modificam negativamente nossos pensamentos, atitudes e estilo de vida. Para essas filosofias, como já disse, o principal é a auto-realização, a auto-satisfação e se o cônjuge não nos realiza nem nos satisfaz, a solução é deixá-lo(a) e procurar recomeçar a própria vida sozinho, ou quem sabe, iniciar outro relacionamento.

Estou convencido de que o comprometimento é essencial para a felicidade e estabilidade de um casamento.

Há, entretanto, o outro lado da moeda: uma pessoa precisa sentir-se suprida em suas carências. Deus nos criou com necessidades físicas, emocionais, sociais, intelectuais, espirituais, e Ele estabeleceu o matrimônio, em que um dos propósitos é provê-las.

Como conselheiro, há vários anos já me envolvi com centenas de casais que recorrem a mim, com seriíssimos problemas, e que, muitas vezes, estão prestes a se separar ou divorciar.

Concluí, depois de observar as dúvidas que eles apresentam, que é possível classificar três tipos de matrimônios:

CASAMENTOS MORTOS – homem e mulher são legalmente casados, mas não há qualquer tipo de vida em comum, apenas estão sob o mesmo teto.

CASAMENTOS INFIÉIS – homem e mulher vivem juntos, mas um deles, ou os dois, têm um "caso", um relacionamento extraconjugal.

CASAMENTOS EM CRISE – os conflitos são constantes e se acumulam porque os cônjuges não conseguem resolvê-los.

CASAMENTOS MORTOS

Esse tipo de união denota duas outras categorias:
– o casamento *pacífico*
– o outro, *beligerante*

No primeiro, os cônjuges vivem em paz. Não brigam, conseguem manter as aparências dando a impressão de um casamento bem ajustado. Apenas os que desfrutam da intimidade do casal é que sabem que não há amor nem diálogo.

Mas a pressão cresce conforme o tempo passa, e os interesses se tornam divergentes. De repente, ocorre a separação e, aqueles que não sabiam como a realidade era distinta das aparências, ficam surpresos diante do fim de uma união "tão feliz e ajustada".

Paradoxalmente, existem casais que desenvolvem esse tipo de união e costumam criticar ferozmente aqueles que vivem ilegalmente; no entanto, ambos cometem erros cruciais.

Muitos insistem em preservar um casamento já morto por causa dos filhos ou do embaraço que uma separação causaria aos familiares, ou ainda por que a religião que abraçaram não admite o divórcio.

Soube de uma senhora que declarou o seguinte:

– Vou conservar este casamento horroroso até o dia da minha morte!

Que lástima! Com certeza, esse tipo de acomodação é uma transgressão àquilo que Deus planejou para a vida de casados. O que Ele quer, na verdade, é que os cônjuges lutem para mudar a situação, buscando um relacionamento que proporcione realização mútua.

Mas há o casamento que é morto mas beligerante. As "guerras" são contínuas, pois ambos disputam o poder e não têm a menor noção de liderança. O marido não quer, ou não sabe, como assumir seu papel no relacionamento. A mulher, por sua vez, é agressiva, dominadora e não abre espaço para que seu esposo tenha liberdade de tomar decisões. Essa disputa passa a ter supremacia na vida dos dois de tal forma que não há tempo disponível para estarem atentos às necessidades mútuas. Legalmente, são casados, mas emocional, intelectual e espiritualmente, divorciados.

Acredito firmemente que casamentos podem ser ressuscitados. Há esperanças para eles. Particularmente, já vi muitos serem restaurados.

Quando o homem e a mulher começam a ser sensíveis um ao outro, procurando preencher as carências reciprocamente, seu relacionamento passa a ressurgir. Na maioria dos casos, não recomendo o divórcio, mas trabalho com as evidências de que pode haver mudanças se compreenderem que há necessidades de lado a lado e que elas precisam ser consideradas, respeitadas e, na medida do possível, satisfeitas.

Casamentos infiéis

Essa categoria preocupa-me bastante, pois vejo que ela cresce avassaladoramente no Brasil de hoje.

Aliás, nosso país está se tornando cada vez mais urbano, com um povo que se locomove muito de um estado para outro, não fixando raízes profundas num só lugar, e isso impossibilita uma convivência prolongada com seus familiares. Muitas vezes, as pessoas não se conhecem, ou o que é pior, não querem se conhecer. Solidão e alienação estão presentes nos grandes centros, fazendo o ser humano se transformar dia a dia em uma espécie de "ostra". Toda essa problemática cria atmosfera para uma incursão ao relacionamento extraconjugal, especialmente se as necessidades emocionais e sexuais não encontram plena satisfação no casamento.

O envolvimento infiel nem sempre acontece por que a pessoa resolve se rebelar à lei imposta por Deus, nem para burlar as promessas feitas no altar e, tampouco, pela aventura de fazer algo condenável e não ser descoberto, mas por que sua personalidade e sua sexualidade não encontram nenhuma realização.

Um dos motivos que leva a pessoa a uma relação extraconjugal é a tentativa de provar a si mesma que ainda é desejável, atraente e valiosa ao sexo oposto. O marido, ou a esposa, que constantemente recebe afirmações e atitudes carinhosas do seu parceiro, não precisa recorrer a essa estratégia. Às vezes, o que falta é uma pessoa com quem conversar, um bom ouvinte, um companheiro(a), um amigo(a), não obrigatoriamente um parceiro sexual. Tão-somente alguém que se interesse pelo que acontece na vida dele(a).

Quando Deus criou Eva, Ele a fez atraente aos olhos de Adão, que ficou encantado com aquela mulher tão linda. Não há relato nas Escrituras que indique que ele se relacionava com ela por obrigação. Eva era sua companheira. Ambos satisfaziam-se emocional, intelectual, física e espiritualmente. Deus criou o homem e a mulher para isso: para serem amigos, companheiros e se realizarem mutuamente.

CASAMENTO EM CRISE

No decorrer da vida, há duas épocas que sofrem uma maior probabilidade de separação e divórcio entre os casais: os primeiros cinco ou sete anos de casamento e na meia-idade (dos 40 aos 60 anos de idade).

OS JOVENS

Na segunda fase da adolescência, dos 16 aos 18, 19 anos, os jovens têm um desejo de conquistar sua independência, de ter liberdade para decidir e de pensar o que quiserem sobre si mesmos e sua própria vida. Esse é o momento em que precisam aprender como fazer, desenvolver e manter amizade com diferentes pessoas, amizades essas que venham a se tornar profundas e íntimas. Qualquer indivíduo que se casa sem conseguir esse tipo de segurança emocional e afetiva pode tomar essa decisão para preencher a lacuna deixada pela ausência de intimidade com os pais e amigos.

Muito tempo depois, o mesmo desejo de independência surgido na adolescência retorna, incitando a pessoa a procurar livrar-se do seu cônjuge, ansiosa por liberdade.

Graças à imaturidade dos jovens recém-casados, as tensões mostram-se bem mais perniciosas quando surgem os conflitos. Há uma urgência para que entendam que os conflitos e as contrariedades podem ser utilizados no processo de aprofundamento da relação. Também, como já nos certificamos em outra parte deste livro, as pessoas são diferentes e, se em vez de tentarem mudar seu companheiro, culpá-lo, agredí-lo, procurassem apoiá-lo no crescimento individual, bem como no fortalecimento do relacionamento, os resultados seriam muito mais positivos.

A meia-idade

Atualmente, as pessoas buscam entender o significado da sua existência. A pergunta que fazem é esta:

– Afinal, por que e para que eu vivo?

É um período de questionamento, dúvidas, lutas interiores, inseguranças e, diante de tantos conflitos, muitos se sentem impulsionados a desistir do casamento, e esse também é um fator de dúvida e incerteza pessoal.

Uma vida a dois, depois de quinze, vinte anos, pode mostrar-se insípida, sem sabor, sem gosto como pão amanhecido;

isso por que ambos não cultivaram seu amor, e a relação se transformou numa chatice, "sem aquele tempero".

Na revista *VEJA*, nº. 1004, há um artigo intitulado: *Casamento – como mantê-lo – como terminá-lo*. Nele, li uma pesquisa editada pela revista americana *Psychology Today*, em que foram enumeradas pelos homens e pelas mulheres, quinze razões prioritárias na química de um casamento estável e equilibrado. Nas duas listas, por ordem de importância, o ponto nº. 6 é: meu marido/minha mulher está cada vez mais interessante.

Analisando sinceramente, meu leitor, minha leitora, você acha que ainda é uma pessoa interessante ou, até mesmo, mais interessante do que era vários anos atrás?

Estou certo de que se os casais entendessem as tensões, pressões e as dúvidas normais desta época e se esforçassem para compreenderem a si mesmos, o divórcio não precisaria nem, ao menos, ser cogitado.

Algumas gramas de orientação anterior podem evitar quilos de confusões posteriores. Obviamente, é muito mais produtivo construir casamentos equilibrados, harmoniosos e sólidos no seu início do que tentar reajustá-los depois de muito tempo de vida em comum, em que as carências de parte a parte não foram preenchidas.

Todo casamento precisa de uma manutenção diária: carinho, atenção, comunicação, amor etc... Sua tarefa não só é descobrir quais são as necessidades de seu cônjuge, mas também quais as circunstâncias marcantes, importantes da vida dele(a), a herança social, cultural, afetiva que recebeu dos pais, o ambiente em que cresceu, as habilidades, os talentos que ele(a) demonstra.

Confessarei algo. No início do meu casamento, não prestava a menor atenção aos talentos de minha esposa. Passados, mais ou menos, dez anos, e eu já mais amadurecido emocionalmente, descobri que ela tem uma habilidade inata para pintura. Decidi apoiá-la, dar-lhe seu devido valor e, hoje, nossa casa está magnificamente decorada por seus quadros.

Em suma, empenhe-se em conhecer o esposo, ou a esposa, que você escolheu. É um modo construtivo e benéfico de desenvolver uma vida agradável.

Descobrir as necessidades da pessoa com quem você se casou

Como fazê-lo? Posso dar algumas ideias. Claro que você conhece sua vida, e seu casamento melhor do que ninguém e terá a perspicácia de aumentar estas sugestões ou adaptá-las à sua realidade.

1. Separe, no seu dia, um horário para conversar, e bater papo descontraidamente com ele(a).

Enquanto preparava este ponto do meu livro, senti-me constrangido e resolvi indagar minha mulher se, verdadeiramente, ela se considerava realizada em suas necessidades e carências pessoais.

Que alegria e alívio ao ouvir uma resposta afirmativa!

Realmente, Judith é uma pessoa muito compreensiva e pouco exigente, pois tenho consciência de não ser um marido tão "bonzinho" assim.

2. Observe seu marido, ou sua mulher. Certamente, você aprenderá muito a respeito dele(a) observando-o(a).

Por exemplo: observe a família do seu cônjuge e os pais dele para ver, como vivem, como encaram os conflitos e as tensões, e quais são seus valores, hábitos e costumes, como solucionam as questões financeiras etc...

Muitas coisas que você puder observar na vivência dos seus sogros, bem como o tempo em comum que você tiver ao lado do seu esposo(a), a(o) habilitarão a entendê-lo(a), ajudá-lo(a) e amá-lo(a) mais.

3. Ouça o que ele(a) tem a dizer.

Infelizmente, cheguei à conclusão de que os casais não sabem ouvir. A comunicação é imprescindível num casamento.

Permaneça alerta!

Eis alguns sinais que a(o) prevenirão de ter problemas em sua vida conjugal:

– A amizade e, a intimidade diminui.

– Os pensamentos e sentimentos são encobertos.

– Quando estão juntos, não têm um período de tempo aproveitável, agradável e, de qualidade.

– As irritações não são expressadas.

– Há tentativas de um evitar o outro.

– Decresce a preocupação com o bem-estar do marido, ou da mulher.

Se seu casamento for caracterizado por um, dois ou todos esses sinais perigosos, pare depressa. Procure seu cônjuge e converse sinceramente com ele.

Novamente, ao buscar manter a comunicação, você dará o primeiro passo para recomeçar da maneira correta.

Na ARTE DE PERMANECER CASADO, não há como fugir da realidade de que o casamento não é só cumprir as promessas feitas no altar, mas também suprir as necessidades daquele(a) a quem você escolheu.

Para evitar o trauma de um divórcio, comprometa-se a estar atento(a) às necessidades da pessoa com quem você casou e procure satisfazê-las.

Entretanto, é importante lembrar que ninguém, por mais que se esforce conseguirá suprir todas as carências de seu parceiro. Podemos diminuí-las, mas somente nosso relacionamento pessoal com Deus pode preencher nossas mais profundas necessidades existenciais.

Capítulo 7 | Resolver os conflitos!

Certa vez, estava no Rio de Janeiro dando uma palestra sobre "Orientações pré-nupciais", quando um jovem casal alegremente aproximou-se de mim e disse:

— Pastor Jaime, estamos convencidos que nosso casamento será um sucesso. Durante todo o tempo em que nos conhecemos, nunca tivemos uma discussão! Não é fantástico?

— *Algo está errado* – pensei.

Não existe um lar isento de conflitos. Mesmo os relacionamentos mais amadurecidos e profundos enfrentam diferenças e discórdias.

Visualize a seguinte cena: um casal comum, como tantos outros. Depois de um dia cansativo, ele chega em casa e deseja apenas relaxar sem pensar em nada. Ela, irritada pelo corre-corre enfrentado na rotina diária da casa, também está exausta. O cumprimento entre ambos é rápido e, logo, ela passa a verbalizar suas preocupações:

– Fui ao supermercado hoje e a quantia que você reserva para as despesas já não é suficiente.

– Infelizmente não posso dispor de mais.

– Se ao menos tivéssemos alguém para cuidar das crianças, eu poderia trabalhar.

– Você sabe que isso não é possível; além do mais, elas são muito pequenas.

– Então pense em algo. Não podemos continuar assim.

– Não sou super-homem. Contente-se com o que tem.

– Como? Não sou mágica. Como não percebi antes que você é tão insensível e acomodado?!

– E você? Vive irritada, ranzinza e só reclama.

A discussão está encerrada. Ele sai para tentar relaxar num bar, ou em outro lugar qualquer. Ela, mais irritada e infeliz ainda, sozinha, desmancha-se em choro.

O conflito não foi resolvido. Se esse casal tivesse tido a oportunidade de desenvolver uma orientação pré-nupcial, estaria mais preparado para encarar um problema como o descrito.

Geralmente, quando uma situação conflitante é exposta por um ou outro cônjuge, dependendo da pessoa, as possíveis reações por parte da mulher são: choro ou silêncio, agressividade ou gritos. O homem, por sua vez, ignora a esposa ou grita com ela; emburra ou perde o controle de si, demonstrando sua raiva, em alguns casos, até com agressões físicas. A comunicação desaparece, e tais reações criam barreiras que impedem definitivamente a resolução do conflito.

Muitos tentam, portanto, solucionar o problema a seu modo.

No aconselhamento de casais, percebo quatro maneiras que as pessoas usam para resolver tais questões, que, contudo, demonstram ser insatisfatórias.

Afastar-se do conflito

Depois de seguidas discussões, o cônjuge sente que não há possibilidade de solução. Decide, portanto, afastar-se do seu parceiro fisicamente, privando-se da sua companhia.

Muitas vezes, porém, decide afastar-se emocionalmente. Já desanimado, se convence de que não há nada que possa mudar a opinião da outra pessoa ou para resolver o problema em definitivo, assim, ergue "um muro" de alta proteção, construído pelo silêncio e pela alienação.

O ponto de vista pessoal precisa prevalecer, custe o que custar

Por uma questão de vaidade pessoal, orgulho próprio, auto-imagem, disputa de poder entre o marido e a mulher, sempre um quer dominar o outro na decisão, na resolução do conflito. As pessoas, individualmente, querem que a palavra final e decisiva seja a delas.

Existem casais que usam esse método para manipular seu parceiro, pois sabem exatamente em que o outro se mostra vulnerável e guardam na memória uma imensa lista de supostas falhas que seu companheiro porventura tenha cometido, esperando usá-las nas horas de discussão. Certamente, esse caminho só contribuirá para tornar o problema maior.

Desistir do seu ponto de vista

Simplesmente, um dos dois resolve deixar o outro vencer sempre, talvez não sem certa ironia velada. Mas também aqui há consequências. Aquele que, por desistência, constantemente é levado a ceder, pode desenvolver uma atitude de mártir, ou de frustração. Essa frustração, por sua vez, provoca o ressentimento. Aquele que não consegue desistir do seu parecer e da sua opinião acabará criando, em seu íntimo, um sentimento de culpa, porque sempre inferioriza o seu parceiro.

Fazer concessões

Nem um nem o outro é o vencedor. Às vezes, um cede, às vezes o outro, como se houvesse um acordo silencioso entre ambos que, no entanto, não deixa de ser superficial.

Na realidade, o problema básico não foi resolvido, confrontado, e ele retornará à mente e ao coração do homem ou da mulher, ou de ambos, como algo solucionado insatisfatoriamente.

Quando sou procurado por um casal em crise para que os ajude em seu conflito, em primeiro lugar, pergunto-lhes:

– Vocês querem realmente resolver esta questão?

Em primeira instância, todos demonstram tal desejo, mas num questionamento mais aprofundado, posso perceber que há relutância.

Para "salvar" qualquer casamento, é primordial haver um compromisso mútuo, em que ambos queiram resolver a crise que se apresenta. Este é um passo muito importante.

Encarar e resolver os conflitos

Muitos casamentos são desfeitos em nome da incompatibilidade de temperamentos, sem ao menos se oferecer uma resistência mais firme aos conflitos que surgem. Os casais esquecem que, em meio ao ardor "da batalha", os conflitos são normais na vida de toda e qualquer pessoa. O que é essencial é o desejo de resolvê-los e aprender a desenvolver, por intermédio deles, a ARTE DE PERMANECER CASADO.

A hora certa

O casal deve saber escolher a melhor hora, situação e lugar para dialogar.

Quando cansados, depois de um trabalho ou de um dia estafante, se há a possibilidade de serem demasiadamente interrompidos, ou se estiverem em meio a uma tarefa ou a um divertimento, não é aconselhável lançar um problema que necessite ser resolvido, a não ser que aconteça uma emergência.

O sábio rei Salomão, recomenda: "O homem se alegra em dar resposta adequada, e a palavra, a seu tempo, quão boa é!" (Pv 15.23; Bíblia Sagrada, Edição Revista e Atualizada no Brasil). É imprescindível num diálogo referente a uma situação de tensão, haver calma, concentração e boa vontade.

Saber ouvir

Ouvir também é uma arte. Saber ouvir com sensibilidade, atenção, imparcialidade, paciência e amor é um aprendizado que necessitamos desenvolver. É o primeiro passo para que a desavença seja superada.

Às vezes, numa conversa, quando o homem apresenta suas reivindicações, a mulher parece ouvir, mas sua mente, na verdade, prepara "o ataque", ou vice-versa. Um pensa que conhece o outro suficientemente e acha, por antecipação, que sabe o que escutará. Então "desliga-se" para preparar suas respostas. O ser humano precisa entender que há sabedoria em ouvir muito, falar pouco e controlar a raiva (*veja* Tg 1.22,23).

Tratar a doença, e não o sintoma

É comum as pessoas preferirem fugir de suas crises, preocupando-se, isso sim, com outras coisas mais corriqueiras e de fácil solução. Com os casais, isso também acontece. Ao procurarem conselho, orientação, em vez de tentarem detectar a questão básica, expõem sintomas, que nada mais são que consequências. É como um médico que estabelece para seu paciente o diagnóstico de câncer de pele e coloca um "Band-aid" onde ele se apresenta. Obviamente, isso não trará resultado algum. O que o doente necessita é de uma cirurgia para extirpar o câncer.

Um casal acostumado a elevar a voz em meio às suas discussões não traz à tona o conflito central. Na verdade, os gritos são problema só para os vizinhos. A raiz é mais profunda.

Todavia, há ocasiões em que ambos não conseguem apreender qual é essa raiz. É o momento, portanto, de buscar um conselheiro familiar especializado, alguém em quem possam depositar sua confiança. Antes de procurar esse conselheiro, ou mesmo sozinhos, seria produtivo que, individualmente, refletissem para tentar encontrar, conforme sua maneira de encarar a situação, a causa básica que prejudica o relacionamento.

Depois de pensar seriamente em todos os fatos, procurando equilibrar as emoções da melhor forma possível, o próximo passo é conversar de modo lúcido, evitando as acusações, as críticas mútuas e os gritos.

Diferenças e semelhanças

Muitos homens e mulheres ficariam surpresos se, nesse diálogo que sugeri na página anterior, parassem para elaborar uma lista de itens em que escreveriam o que concordam e o que discordam sobre a questão. O intuito disto é que poderão perceber, na maioria das vezes, que as concordâncias são em maior número que as discordâncias, e que essas últimas são quase sempre banais. Não quero dar a ideia de que os problemas conjugais são facilmente superados, e que se seguirem um determinado padrão, tudo ficará bem num passe de mágica.

Jamais me esquecerei de um casal que eu e minha mulher aconselhamos. Era um caso de infidelidade. Levamos cinco sessões para chegar ao conflito central e, durante meses e meses, continuamos a nos encontrar com eles, procurando confrontar e resolver o problema.

Isso mostra que nem sempre as coisas são fáceis. Mas quando os cônjuges se comprometem, reciprocamente, a solucionar a crise, mesmo que dure meses ou anos, certamente a probabilidade de solução é mais ampla.

Reconhecer e assumir a própria quota de responsabilidade

Penso que esse é o ponto mais difícil de se tratar num casamento, em razão do orgulho intrínseco no ser humano, da vaidade pessoal, da tendência em justificar-se e da transferência da própria culpa.

O profeta Jeremias, em seus escritos, já com muita propriedade, afirmava: "O coração é falso como ninguém, ele é incorrigível; quem poderá conhecê-lo?" (Jr 17.9; Bíblia Viva,).

Raramente encontro um caso em que apenas um dos dois seja totalmente culpado. Há, é certo, alguns casos que, figuradamente, um tem 90% de responsabilidade, e o outro, 10%. No entanto, mesmo que essa carga de responsabilidade seja mínima, quando um corajosamente a assume, o outro sente-se desarmado e, muito provavelmente, consegue expressar verbalmente sua contribuição no conflito.

É TEMPO DE MUDAR

Tudo o que foi citado até aqui é muito proveitoso e elucidativo; contudo, algo mais prático precisa ser feito.

Após reconhecer suas próprias responsabilidades, é chegada a hora de ambos enumerarem o que, na mudança de seus hábitos, contribuirá para a solução da crise.

Possivelmente, a mudança causará dor. Por exemplo, um homem ou uma mulher com uma carga de atividades intensa que os realiza, mas que também os desgasta terrivelmente, conscientiza-se que precisa mudar de atitude em prol da felicidade de seu casamento, mas o preço é alto, exige renúncia e muitos não se dispõem a pagá-lo. Aqueles que têm a disposição e o desejo de investir percebem que o resultado da decisão é recompensador.

Três frases que podem salvar relacionamentos

1 – *Eu estou errado* – humildade em reconhecer o erro.

2 – *Por favor, me perdoe* – o perdão é importantíssimo para cicatrizar qualquer ferida no relacionamento.

3 – *Eu amo você* – parece simples, não é? Em minha experiência, comprovo que a falta de verbalização e de atitudes de amor e carinho deterioram mais rapidamente a vida conjugal.

Lembro-me bem. Era sábado de manhã. Estava em minha casa, em São Paulo, onde moro. Trabalhava no jardim, pois, para mim, a jardinagem é uma terapia. Naquele dia eu estava muito irritado. De repente, entrei pela porta da cozinha e, em 30 segundos, descarreguei sobre minha mulher toda minha raiva. Depois, sem esperar resposta, bati a porta e voltei à jardinagem. Contudo, minha consciência atrapalhou a "terapia". Pensei: *Será este realmente o homem que se especializou em aconselhamento familiar?* E a vergonha uniu-se à consciência pesada. Arrependido, voltei à cozinha e disse à minha esposa as três frases que citei anteriormente:

– Eu estou errado. Por favor, me perdoe. Amo você!

Caro leitor, isto pode lhe parecer estranho e duro demais, no entanto, posso dizer: quando a intenção é sincera, funciona.

A célebre frase: "...e viveram felizes para sempre", não exclui o fato de que até Cinderela e seu príncipe, se realmente fossem reais, teriam passado por conflitos.

Na verdade, em vez deles representarem uma derrota no relacionamento de um casal, poderão contribuir eficazmente para a maturidade e o aprofundamento da relação.

Na ARTE DE PERMANECER CASADOS, dependendo da maneira como são enfrentados e encarados, os conflitos podem se tornar valiosos aliados.

Capítulo 8 | Aceitação – a capacidade de perdoar

Como já revelei aos leitores, meus pais são divorciados. Durante muito tempo avaliei a vida em comum que levavam e concluí que uma das causas que precipitaram a separação deles foi a falta de aceitação de um para com o outro.

Na ARTE DE PERMANECER CASADO é absolutamente indispensável entender-se a necessidade de aceitação mútua.

Recordo-me, quando ainda era pequeno, que um dos motivos que deixavam minha mãe extremamente irritada com meu pai era a maneira barulhenta que ele sorvia o café. Para uma mulher refinada, de educação universitária, esse tipo de procedimento era inconcebível e vergonhoso.

Ele era um homem simples e rude, nascido e criado no campo, que conseguiu cursar apenas até a oitava série, mas minha mãe não entendeu seu modo de ser, não aceitava essas pequenas diferenças e tentou sempre modificá-lo. Isso nunca deu certo!

Não é possível escapar da realidade de que, por mais afinidade que um casal tenha, haverá algum fator, talvez mínimo, agente causador de irritabilidade, divergência, contrariedade.

Como lidar com esse problema? Há um pequeno versículo na Bíblia, que diz: "Mas sede benignos uns para com os outros, misericordiosos, perdoando-vos uns aos outros, como também Deus nos perdoou por Cristo" (Ef 4.32; Bíblia Sagrada, Edições Paulinas).

Ótimo! Mas ao transportar essa concepção para o casamento é preciso trazer à tona uma série de conceitos.

A convivência dos casais seria bem mais tranquila e harmoniosa se estes entendessem que nem sempre agradarão ao outro em tudo. As diferenças individuais devem ser respeitadas. Jamais o homem ou a mulher conseguirá fazer absolutamente tudo para preencher as expectativas de seu cônjuge, para agradá-lo totalmente.

O segredo do entendimento está na aceitação. Aceitar-se mutuamente é requisito prioritário e insubstituível. Agradar-se mutuamente vem como consequência da aceitação. Deve-se procurar fazê-lo, pois, ser amável, agradável com o cônjuge, causa imensa satisfação. Enfim, quando um tenta alegrar, satisfazer, agradar ao outro, apesar das diferenças de personalidade, hábitos, ideias etc..., o amor é muito mais concreto e evidente.

Para compreender melhor o processo de aceitação que acontece entre os casais, considere o que ocorre quando um cônjuge se sente ofendido. Duas reações podem ser identificadas:

1 – uma decisão é tomada;
2 – uma emoção é provocada.

A DECISÃO

Quando um dos cônjuges, às vezes conscientemente, outras vezes não, provoca, irrita, contraria, ofende o outro, então sim, conscientemente, o que foi ofendido ou decide continuar aceitando a pessoa, apesar do seu comportamento, ou decide se retrair, construindo uma barreira de autoproteção.

A tendência humana natural é procurar se retrair, tentando evitar sofrer, machucar-se, buscando no próprio íntimo uma segurança e um conforto emocional difíceis de serem encontrados, porque o problema não foi resolvido.

A EMOÇÃO

A segunda reação é emocional. Como criaturas humanas, não podemos deixar de sentir algo.

Se o acontecimento foi positivo, a reação é de alegria, contentamento, bem-estar interior. No entanto, se foi negativo, ofensivo, ameaçador, há um mal-estar íntimo, uma sensação desagradável de desconforto.

O que ocorre entre as duas pessoas é o que determinará que tipo de sensação interior isso provocará. Se minha esposa me insulta, não posso reagir com atitudes e pensamentos amorosos e carinhosos. Sentimentos, emoções não são resultado de uma escolha, mas sim uma resposta natural a uma situação.

Quero resumir o que disse até aqui porque considero crucial a compreensão desses pontos.

O cônjuge responde a um comportamento do seu parceiro tomando uma decisão: ou aceita, apesar do que houve, com o propósito de investir na pessoa e no relacionamento assumido com ela, ou se retrai, fecha-se, dando assim vazão aos seus sentimentos, com o intuito de manipular o outro. O tipo de acontecimento é que determinará se a reação será de prazer, alegria ou de desprazer, desilusão, tristeza.

Portanto, não devemos confundir aceitação com auto-satisfação, prazer. Aceitação incondicional para com o esposo ou esposa está intrinsecamente ligada à decisão de investir no parceiro, no relacionamento, e não manipular o cônjuge.

Creio que você está pensando: *E a outra pessoa, não mudará seus hábitos, ideias, atitudes etc...?*

Não posso afirmar categoricamente que sua disposição em aceitar seu marido ou sua mulher fará, num passe de mágica, com que seu cônjuge se modifique. Todavia, em nosso já descrito mundo hedonista, que por sinal tem-se mostrado ineficaz em suas tentativas de encontrar a felicidade e o equilíbrio, quero ter a coragem de pôr em prática, um ensino que embora pareça novo e arrojado a princípio, data de milênios, já que nos foi dado por Cristo e tem se mostrado eficiente.

ACEITAÇÃO LEVA AO PERDÃO

Aceitar seu esposo ou esposa não envolve somente investir no relacionamento assumido, mas entender o que é perdão.

Quando a pessoa resolve investir, precisa fazê-lo sem mágoas, decidindo-se a perdoar sem ressentimentos. Antes de compreendermos como isso acontece, examinemos a fonte de nossos sentimentos.

O famoso e conceituado psicólogo Abraham Maslow apresenta a hierarquia das necessidades humanas básicas.

Para explaná-las, construiu uma "escala" e as pôs em ordem decrescente:
- Auto-realização
- Auto-estima
- Amor e afeição
- Segurança
- Necessidades físicas

Deter-nos-emos em duas dessas necessidades para expor o que pretendo transmitir. Abordaremos a "auto-realização" e a "segurança".

José ofendeu Maria. Ao fazer isso, pôs a segurança dela em jogo, pois a mulher sentiu-se ameaçada em uma de suas necessidades básicas.

Maria humilhou José. Quando isto ocorreu, ele sentiu sua auto-realização se abalar.

Cada um interpretou a ofensa como uma ameaça à sua necessidade de segurança e auto-afirmação. Não é difícil concluir que isso certamente trará amargura, mágoa, frieza, afastamento.

A mulher precisa que o marido lhe dê segurança, e este precisa que ela o valorize para sentir-se auto-afirmado. No entanto, o que fazer com os sentimentos negativos que surgiram quando essas necessidades foram frustradas? É inevitável recorrer-se ao perdão.

Toda pessoa que é ofendida em seus sentimentos procura, de alguma forma, manifestar o que aquilo lhe causou. Na maioria das vezes, a maneira a que se recorre é o já tão utilizado "devolver na mesma moeda". Contudo, o sentimento de tristeza e desilusão não é anulado pela vingança ou qualquer atitude negativa semelhante. Se a pessoa tiver a capacidade de entender o que é perdão e recorrer a ele nos momentos de ofensa, ela terá a oportunidade de experimentar uma verdadeira "libertação".

Qual o cônjuge que se considera feliz ao passar por desagravos, como:
- humilhação diante dos outros;
- um sorriso sarcástico e uma atitude de superioridade;
- conversação abrupta, monossilábica, áspera;
- fisionomia visivelmente carrancuda;
- repetidas ameaças de separação;
- o sexo passar a ser uma arma;
- o desaparecimento de demonstrações carinhosas.

Aquele que está perdoando deve comprometer-se a não exigir nenhum retorno em seu benefício. É necessário prevalecer uma decisão racional de perdoar e um compromisso renovado de investir no relacionamento e na pessoa.

Mesmo assim, continua a luta emocional. Pregar uma tampa na boca de um vulcão raivoso não evitará a erupção, não solucionará a crise.

É extremamente difícil aprender a lidar corretamente com as emoções. Diversas vezes, mesmo sendo assistida por um psicólogo, a pessoa não consegue superar seus traumas, ou então, algum sentimento escapa do seu controle, prejudicando seu equilíbrio.

Alguns se fixam no que aconteceu, remoendo dia após dia aquela situação desgostosa, não percebendo que isso só acarreta mais problemas que se unem ao anterior, formando elos, como numa corrente. Segurança, auto-afirmação, auto-significado não podem ser destruídos pelas circunstâncias adversas. Quem consegue renovar sentimentos e pensamentos tem uma alternativa que traz bons resultados.

Contudo, há os que se sentem destruídos pelo episódio que lhe foi ofensivo. O que acontece às pessoas que, invaria-

velmente, encaram as ofensas como um fator destruidor a sua auto-afirmação e segurança? Elas cometem três erros:
1. Deixam de reconhecer que, de maneira imutável, há um Deus Criador que as ama mais que qualquer outra pessoa e tem um plano específico para cada indivíduo, plano esse que não será frustrado, malogrado, apesar da circunstância aparentemente mostrar o oposto, apesar das ofensas recebidas do marido ou da mulher insensíveis.
2. Dificilmente pode ser encontrado sobre a face da Terra um ser humano que se julgue merecedor de ultrajes, retaliações. No entanto, originalmente, o coração das pessoas não difere em nada. Há em toda criatura uma tendência básica, primária, para atitudes, reações e sentimentos negativos. O erro de outra pessoa e considerado terrível é plenamente passível de ser cometido por mim mais adiante.
3. Cada um preocupa-se exageradamente consigo mesmo, tornando-se cego com as necessidades daqueles que convivem com ele(a) na vida conjugal.

Jesus, ao pronunciar-se sobre o perdão, proporcionou-nos uma diretriz na correção desses desacertos. Pedro, um de seus discípulos, certo dia lhe fez a célebre pergunta: "Senhor, até quantas vezes meu irmão pecará contra mim que eu lhe perdoe? Até sete vezes?"

Jesus respondeu: "Não te digo que até sete vezes, mas até setenta vezes sete" (Mt 18.21,22; Bíblia Sagrada Revista e Atualizada).

Em seguida, Ele conta uma história que procurarei adaptar para os dias de hoje.

Um rico fazendeiro de Minas Gerais chamou um de seus empregados que lhe devia considerável importância em dinheiro, com o propósito de cobrá-lo. Mas o pobre homem não tinha nenhuma possibilidade de saldar a dívida. Seu patrão ameaçou prendê-lo e confiscar seus bens em troca do débito.

O empregado, desesperado, implorou reverentemente ao fazendeiro que tivesse paciência, prometendo pagá-lo em breve.

Penalizado, o patrão perdoou a dívida, o que deixou aquele homem transtornado muito aliviado e feliz.

Saindo da casa do fazendeiro, ele encontrou um colega que lhe devia uma pequena soma, aliás, irrisória.

Após cobrá-lo e receber como resposta a impossibilidade do pagamento, o empregado tornou-se violento, agarrou o colega devedor, tentando sufocá-lo.

– Trate de arranjar o dinheiro. Não posso esperar mais um dia!

O outro, coitado, humilhado, pedia paciência, um pouco mais de tempo, mas tudo era inútil. Sem conseguir nenhuma piedade e clemência, viu-se denunciado e preso.

Algumas pessoas que presenciaram o que acontecera, foram contar ao fazendeiro o modo implacável como aquele homem tratara seu colega. Assim, ele mandou chamar novamente o seu empregado e lhe disse:

– Eu soube o que aconteceu e acho que você é um homem de índole má. Perdoei sua dívida porque você suplicou que eu o fizesse; penso que sua reação com seu amigo, que lhe devia quantia tão pequena, deveria ser a mesma. Decidi voltar atrás e agora quero que me pague integralmente o que me deve, senão também o levarei à prisão.

Entre tantas lições que podemos aproveitar nessa história a respeito do perdão, a principal e mais importante para aquilo que temos examinado até aqui é a grande quantia que o empregado devia ao seu patrão, e que este generosamente perdoou, em oposição à ínfima soma que esse mesmo empregado recusou-se a perdoar de um colega.

Com essa história, Jesus simboliza o patrão como Deus, e o empregado como nós.

A chave do perdão incondicional no relacionamento conjugal é reconhecer o quanto Deus nos perdoou ao oferecer Cristo para morrer na cruz por nós. Esse reconhecimento não pode se dar somente na esfera intelectual, mas precisa ser estendido ao casamento, também ao cônjuge. Se fui perdoado de uma dívida tão imensa, como não perdoar uma ofensa contornável?

Aceitação verdadeira requer a disposição de ser vulnerável às dores e desilusões de um relacionamento imperfeito. Para alcançar essa aceitação, precisamos, continuamente, perdoar nosso marido ou nossa esposa quando esse(a) nos machuca.

O perdão autêntico, genuíno, encara os desagravos do parceiro como contornáveis diante das necessidades pessoais básicas. Se reconhecer o quanto Deus me perdoou, terei motivação para perdoar meu cônjuge.

Com essa verdade em mente seremos livres para investir na vida conjugal sem medos e opressões, mesmo quando contrariados ou feridos.

Aceitar e perdoar não são virtudes, qualidades facilmente encontradas num casal. Se bem assimiladas e praticadas, elas provam ter efeito importantíssimo para um homem e uma mulher desenvolverem a ARTE DE PERMANECER CASADOS.

Capítulo 9 | A vida sexual do casal

Publicitários suspendem quatro campanhas que exageram nas cenas de sensualidade.

"O nu frontal e as mensagens de apelo erótico nas campanhas publicitárias exibidas em ordem crescente pelas televisões nos últimos meses já ultrapassaram o limite do aceitável, segundo o julgamento dos próprios profissionais do ramo – os publicitários." (Revista VEJA 1004 – p. 126).

Mundo interessante este em que vivemos! O ser humano sempre teve o sexo como uma de suas necessidades básicas, mas nos séculos passados e mesmo nas primeiras décadas deste século, o assunto era ainda considerado tabu.

Nos últimos anos, acompanhando a revolução da juventude, a emancipação da mulher, a liberdade de expressão, etc., a sociedade assumiu uma nova postura diante do sexo.

Ao tratar do assunto A VIDA SEXUAL DO CASAL, sinto que estou lidando com algo explosivo. O sexo tanto pode ser amigo de um casal, quanto pode se transformar em seu inimigo. Pode ajudá-lo ou dominá-lo. Em seu caráter, ele é neutro, mas as pessoas conseguem utilizá-lo em benefício do casamento ou em sua destruição.

Todo casal se interessa pelo assunto. Todos têm alguma ansiedade e preocupação nesse sentido, em especial, quando estão para se deparar com a noite de núpcias. De qualquer modo, o sexo desperta curiosidade mais rápido que qualquer tema.

Estava numa papelaria tentando encontrar um cartão de aniversário, quando vi um cartão que chamou minha atenção. Apesar de ele ser bem colorido, fiquei muito curioso porque li, em letras enormes, a palavra SEXO. Ao abri-lo, levado pelo interesse que a palavra despertou em mim, senti-me um idiota. Estava escrito: AGORA QUE GANHEI SUA ATENÇÃO, GOSTARIA DE DIZER ALGUMAS COISAS.

Ninguém passa um só dia sem ser confrontado com um apelo aos desejos e ao apetite sexual. Propagandas de todo o tipo usam o sexo para obter a atenção das pessoas e vender os seus produtos. Como a revista *VEJA* declarou: "Os apelos eróticos na televisão já ultrapassaram o limite do aceitável". Os telespectadores são agredidos, manipulados. O estímulo aos impulsos sexuais é constante e muitos procuram proteger-se, tentando controlar seus pensamentos, sentimentos e cobiça.

Apesar da abertura, da conscientização e da permissividade que existem atualmente, muitas dúvidas, questionamentos e problemas assaltam tanto o homem quanto a mulher que nem sempre têm a ousadia de expor aquilo que pensam, como fizeram essas pessoas nas cartas que se seguem:

"...e na área sexual, sinto-me usada por meu marido. Quando ele quer "fazer amor" espera que eu esteja pronta e disposta, não importa a hora. Carinhos não satisfazem. Ele só quer saber de ir para a cama."

Renata

"Não consigo entender a frigidez sexual de minha mulher. É difícil para mim resistir à tentação de procurar satisfazer meus impulsos por outros meios ou por intermédio de outras mulheres. Tenho dificuldade em aceitar ou entender por que ela não coopera para suprir minhas necessidades físicas."

Antônio

"Até hoje não experimentei orgasmo. Sinto que nossa vida sexual não vai bem. Durante anos tenho fingido alcançar orgasmos, enquanto vejo meu marido satisfazer-se completamente. Ele ficaria arrasado se soubesse que não tem me realizado neste aspecto."

Claudete

"Minha esposa é dominadora, agressiva e gorda, não usa roupas sensuais como eu gostaria que usasse. Cheguei a um ponto em que não me importo mais com o que ela veste. Ela não é atraente para mim e já não tenho interesse algum em fazer sexo com ela."

Pedro

"Você acha que sexo oral é pecado? Meu marido e eu nos damos bem, a não ser nesse assunto. Ele quer praticá-lo, mas só de pensar sinto nojo. Ele disse que se eu o amasse verdadeiramente, o faria."

Ana

"Basicamente nosso casamento é bom. Nossa vida sexual, entretanto, está desajustada. Nenhum de nós tem problemas específicos. Sempre esperamos que ambos estejam estimulados e, então, simplesmente praticamos o ato, que se torna mais uma obrigação, uma tarefa. Não há romantismo nessa área de nossa vida conjugal."

Cristiane e Edmundo

Aproximadamente, 40% dos casais que me procuram para orientá-los têm seus problemas enraizados na área sexual. Como já citei, hoje as pessoas têm acesso fácil a todo o tipo de publicações, filmes, vídeos etc. que "ensinam" e "elucidam" o comportamento sexual até a exaustão. Por que, então, a problemática continua e não só isso, cresce cada vez mais?

Aprender do modo errado

Os sexólogos admitem que as crianças, os adolescentes, os jovens, precisam de uma orientação clara e apropriada, principalmente depois que a AIDS veio aterrorizar o mundo moderno. Contudo, tem se pretendido ver na escola o principal agente da educação sexual.

Discordo dessa sugestão, pois penso que é no próprio lar, no momento certo e diante de perguntas específicas que formularem, que as crianças obterão a resposta adequada a sua compreensão, levando em consideração a idade que tiverem na época. Por exemplo: a garotinha de quatro anos, pergunta:

– Mamãe, de onde eu vim?

Ao invés de comodamente dizer:

– A cegonha trouxe você para nós – naturalmente, sem embaraço, procure respeitar a capacidade da criança e explique o que realmente aconteceu.

Toda mãe deve usufruir do privilégio de orientar sua filha adolescente sobre a época menstrual que se aproxima. Todo pai deve sentir orgulho de sentar com seu filho e contar-lhe os segredos da masculinidade e da vida sexual.

Todavia, segundo uma pesquisa que fiz, somente 15% dos pais conversam amistosamente com seus filhos num clima sincero e camarada, pondo-os a par do que é sexo. Oitenta e cinco por cento dos jovens aprendem por meio de livros, revistas pornográficas, piadas, filmes que exageram ou deturpam a vida sexual saudável.

Adolescentes

É de se esperar que aqueles que não receberam orientação e se tornaram autodidatas, não saibam desenvolver namoros sadios quando chegarem à adolescência. É como deixar correr soltos pelo prado dois cavalos que ainda não foram domados. A permissividade reinante estimula garotinhas e rapazes ainda em formação, no início da adolescência, a manterem relações sexuais. Se conseguem entender-se emocional, intelectual, espiritualmente, por que não dar lugar aos seus desejos sexuais? E o índice de gravidez na puberdade, que cresce assustadoramente, causa espanto e preocupação a toda sociedade atual.

Diante da complexidade desse tema já tão abordado, detenho-me em algumas considerações que anos de acompanhamento da vida conjugal de vários casais me permitem:

O COMPROMISSO

Volto a falar sobre isso porque, na verdade, o compromisso responde por grande parte do sucesso de uma união matrimonial. Ele é citado na Bíblia por intermédio de um dos mandamentos que foram dados ao patriarca Moisés: "não adulterarás". Apesar de soar estranho numa época em que as pessoas julgam ter liberdade de desenvolver relações sexuais com quem acharem por bem, essa é a ordem, a recomendação.

Homem e mulher têm muitas e diferentes maneiras de manterem um relacionamento: conversar, cumprimentar, abraçar fraternalmente, enfim, não é preciso necessariamente praticar o ato sexual porque a pessoa é atraente, agradável, amiga.

Deus restringiu o ato sexual ao casamento. Fora dele, não há exceção.

Quando o cônjuge está certo do compromisso do seu parceiro, ele confia na pessoa, e isso facilita a dinâmica da experiência sexual.

Certa vez, Judith recebeu uma carta de uma grande amiga sua de muitos e muitos anos. Nela havia o desabafo de uma esposa traída e abandonada pelo marido após, mais ou menos treze anos de casamento e três lindos filhos.

Ao saber de tudo o que aconteceu a ela, fiz o seguinte comentário: por causa do adultério, é muito difícil, se ele voltar, a relação dos dois vir a ser a mesma. Não é impossível, mas é difícil. Uma vez que o marido ou a mulher abre espaço para alguém estranho partilhar essa área de sua vida, a dignidade, o romantismo e a cumplicidade que existem entre o casal são minados. Todo encantamento e realização de pertencer exclusivamente a uma pessoa e saber que ela pertence a você foi fortemente atingido pela deturpação de teorias e pensamentos equivocados. Se a confiança mútua está bem solidificada, no ato sexual haverá uma entrega total de parte a parte, sem reservas emocionais ou físicas. É como se um dissesse ao outro: "Sei que algumas coisas podem me magoar e ferir no relacionamento sexual, porém, confio em você e estou certa(o) que não fará nada que me ofenda ou que me faça sentir explorada(o). Confio que você fará tudo para que nosso relacionamento seja gratificante para os dois e, por isso, quero dizer que sou sua(seu)".

As mulheres, geralmente, têm dificuldade em se dar inteiramente aos seus maridos. Elas resistem à ideia de eles acariciarem as partes mais íntimas de seu corpo ou de ficarem despidas diante deles. A relação é sem liberdade e a participação delas no ato sexual é praticamente nula. Fazem o que é necessário, tentando satisfazer o marido, mas não chegam a se entregar esperando também alcançar, prazer, como eles.

Enquanto elas são contidas em sua liberdade de entrega no ato sexual, os homens tendem a ser insensíveis à necessidade da esposa de reafirmação do compromisso, de amá-la. O marido que "sutilmente" compara a beleza de sua mulher à de outras mulheres, com perda para ela, põe em risco a perspectiva de que ela se entregue plenamente numa relação sexual. A mulher é muito sensível a qualquer indício de insatisfação. Ela precisa estar certa de que é única na vida daquele homem, que para ele, não há outra. Se ocorrer o contrário, ela fica insegura. Portanto, a prioridade do marido deve ser sempre sua esposa.

O jogo do amor

Os livros modernos sobre sexo, que chegam às dúzias às prateleiras das livrarias, enfatizam e insistem na importância do "jogo do amor" antes do ato sexual. Alguns usam a definição: "Período de despertamento para que haja orgasmo ou clímax". Talvez esse período seja mais essencial para a esposa do que para o marido.

Mas existe algo mais importante do que esses momentos. É toda a experiência do viver juntos, a convivência do casal 24 horas por dia. Principalmente para a mulher, isso é vital.

O "jogo do amor" começa quando o marido, carinhosamente, fala palavras ternas à sua esposa antes de sair de casa pela manhã – ou – quando ele lhe telefona durante a tarde para saber se tudo está bem e diz que a ama ou, no final do dia, com um elogio por algo que ela fez e o agradou. Pouco a pouco, ela "sobe a montanha", dispondo-se a uma relação sexual com muito mais possibilidades de também se satisfazer, atingir o clímax. É recompensador para os dois quando o marido compreende essa característica feminina e aprende a "subir a montanha", passo a passo, com sua mulher.

Na primeira carta que apresentei no começo deste capítulo, provavelmente o problema é emocional. Renata se sente como um brinquedo, um instrumento de prazer, em vez de sentir-se esposa. Se durante o dia acontecerem brigas, discussões, diálogos e atitudes agressivas e desrespeitosas, não será fácil para a mulher se relacionar sexualmente com o marido. Do ponto de vista dela, a aproximação para o sexo é feita por intermédio da alma e chega ao corpo. Se ela está chateada, triste, magoada, pode ser que até concorde em manter relações, mas não experimentará prazer, gozo, enquanto ele, certamente, o fará. Os atos que antecederam o sexo a fizeram "descer a montanha". Quando seu marido já estava pronto para o orgasmo, ela tentou, mas não pôde alcançá-lo. Bom seria que os casais pudessem compreender que o sexo é emocional, mental, e não somente físico.

Sexo sem egoísmo

"Ele me usa e logo depois me joga fora." Dessa maneira, uma mulher descreveu seu problema sexual com o marido. No capítulo 5, falei sobre cinco tipos de amor. Um deles, o "agape", é totalmente altruísta, voltado para a outra pessoa, "outro-centralizado". É esse tipo de amor que precisa governar o amor erótico. Ele se concentra em satisfazer o cônjuge, não só a si mesmo. Todavia, ele é radicalmente oposto ao que é adotado atualmente que diz: "Conquiste! Procure satisfazer-se!"

Já pude ver nos olhos de muitas mulheres frustração e desilusão, desapontamento por seus maridos serem egoístas durante a relação sexual. Ansiosos por seu prazer pessoal, nem ao menos pensam na esposa, nos sentimentos dela, preferindo fazer tudo rápida e bruscamente, quase como um animal. Ele a usa para extravasar suas necessidades, tensões e desejos. Para ela, desmotivada, inferiorizada, conhecedora apenas de um amor egoísta e deturpado que seu marido lhe oferece, a relação sexual torna-se uma obrigação penosa.

Essas são as reclamações que, em geral, escuto das mulheres que têm experimentado essa frustração e que refletem o machismo e egoísmo de muitos homens:

1. meu marido só pensa nele mesmo, em dar vazão e satisfazer egoisticamente suas necessidades emocionais e físicas, independentemente do que eu sinta ou queira;

2. o estímulo, o despertamento, o preparo para o ato sexual é mecânico e rápido, não me dando tempo para poder me sentir parte dele física e emocionalmente;
3. ele está mais interessado em aperfeiçoar uma técnica física do que em alcançar intimidade física;
4. a maior preocupação do meu esposo não é que eu chegue ao orgasmo para me sentir realizada, mas para ficar provado que ele é um "sucesso" na cama, para alimentar seu ego;
5. ele se mostra repetitivo, enfadonho, monótono, sempre desenvolvendo o ato sexual da mesma maneira;
6. o homem leva a relação sexual mais a sério do que deve. Quando por algum motivo ela não é consumada, ele se sente frustrado, inseguro de sua masculinidade;
7. meu marido não é sensível às minhas preferências sexuais.

Esses são os reflexos da ideia de que a mulher é um objeto, um simples brinquedo na mão do homem machista e egoísta. Talvez essa tenha sido uma das razões que levaram as mulheres a erguer a bandeira da "libertação feminina". Não estou dizendo que isso seja o correto, já que o movimento foi muito desvirtuado em suas reivindicações básicas, mas não resta dúvida que foi um alerta de todas as mulheres para uma situação desmerecedora e sem a mínima consideração que lhes foi imposta. As necessidades das esposas não têm sido supridas, e isso as faz ter um comportamento estranho e, às vezes, até infiel.

A comunicação

Vários casais têm dito que em outras áreas de seu casamento sua comunicação é ótima, mas quando se trata de sexo, eles não conseguem conversar porque ficam acanhados e envergonhados. Mas para uma realização sexual, é essencial que sejam sinceros e honestos, trocando suas opiniões abertamente. É exatamente o contrário da carta que citei no começo deste capítulo, em que a mulher escreveu: "Durante anos tenho fingido atingir orgasmos, enquanto vejo meu marido satisfazer-se completamente. Ele ficaria arrasado se soubesse que não tem me realizado nesse aspecto".

Ouvi de uma senhora a confissão de que em vinte anos de casamento nunca experimentara orgasmo, nem ao menos sabia o que ele provocava, qual a sensação que trazia.

Certamente, a pessoa deve se sentir lesada por passar uma vida ao lado de outra sem poder experimentar e desfrutar todas as compensações, satisfações e alegrias que isso pode lhe dar.

A relação sexual foi idealizada por Deus para que ambos tivessem prazer total, sem nenhuma inibição, com toda liberdade. Se um quer ver o outro realizado sexualmente e está mesmo comprometido para que isso aconteça, é importantíssimo que "abram o jogo" e conversem claramente sobre como cada qual pode melhor estimular o parceiro, quais carícias os excitam, onde e como devem ser tocados. E também esclarecer o cônjuge sobre o que não lhes agrada. Aqui, o diálogo precisa ser honesto, mas cuidadoso, para não ferir o(a) companheiro(a).

Um dos atritos mais frequentes na vida de um casal é causado justamente porque um dos dois (geralmente o homem) quer usar algum tipo de carícia, estímulo ou técnica amorosa que é ofensiva ou repulsiva ao outro.

Lembra-se da carta que Ana me enviou? Ela não suportava a prática do sexo oral, mas parece que seu marido "forçava um pouco a barra", provocando nela frieza e nojo.

Em meus seminários, quando o tópico é A VIDA SEXUAL DO CASAL, há um número cada vez maior de perguntas feitas sobre o sexo oral e anal, principalmente por parte das mulheres. Quando há uma exigência, quando o cônjuge se mostra irredutível em querer certo tipo de comportamento sexual, seja sexo oral ou anal, determinada posição ou carícia, forçando seu parceiro(a) a ceder, o amor "agape" deixa de existir. O "eros" passa a dominar o ato. Por isso, a comunicação nesse assunto é primordial para que haja respeito, compreensão, e não mágoa, frustração, humilhação para o marido ou para a esposa.

AS DIFERENÇAS
O HOMEM

É o homem quem busca com maior frequência ter relações. Mais suscetível a estímulos visuais, o que ele vê, ouve e lê durante o dia, desperta o seu desejo sexual. Ao chegar em casa ao anoitecer, ele encontra sua esposa cansada pela carga de trabalho que teve em seu emprego ou pelo envolvimento em seus afazeres domésticos, indisposta, distante ou arredia a qualquer demonstração que ele lhe dá de suas intenções.

Algumas indagações começam a tomar conta da mente do homem:

– Será que sexo é importante para ela, assim como é para mim?

– Por que ela é tão fria, desligada, desinteressada?

– Será que nada excita essa mulher? Como ela pode controlar tão bem seus pensamentos? Não entendo como não surgem fantasias sexuais em sua cabeça!?

Quantas vezes ele trouxe flores ou bombons, disse palavras ternas, foi amável, gentil, romântico, e sua esposa não compreendeu que ele queria ter relações com ela! Já no quarto, ela se despediu com um beijinho de boa noite, virou-se para o lado e dormiu de imediato. Ele, porém, ficou acordado às voltas com algumas perguntas girando em sua cabeça:

– O que preciso fazer para ela entender o que quero?

– Pode ser que eu não esteja conseguindo fazê-la feliz sexualmente – e é aí que o receio de não ser tão bom quanto pensou começa a incomodá-lo.

Durante o ciclo menstrual, a situação é um pouco pior. Não é fácil para um homem, que nunca passou por tal experiência, entender que muitas mulheres antes, durante e depois de ficarem menstruadas, passam por oscilações físicas e emocionais. Em um minuto estão rindo, em outro, chorando; ficam irritadas à toa, até um pouco intratáveis e, sobre sexo, nem querem ouvir falar.

Assim como mulheres me procuram para que eu as ajude, trazendo muitas queixas de seus maridos na área sexual, eles também fazem o mesmo:

– Minha mulher não é sincera comigo. Ela tem mil desculpas preparadas para evitar que tenhamos relações.

– Ela é muito pudica e reservada. Não admite criatividade nas carícias e posições.

– Ela é desinteressada e fria.

– Ela é por demais moralista e puritana em se tratando de sexo.

– Quando pergunto o que posso fazer para estimulá-la melhor, ela é evasiva.

– Minha mulher consegue conversar, enquanto fazemos sexo, sobre assuntos descabidos, como "o teto do quarto precisa ser pintado", "a vizinha pagou o dinheiro que havia pedido emprestado", "amanhã à tarde não estarei em casa. Preciso ir ao cabeleireiro".

– Sempre que minha esposa se deita, eu já estou dormindo, pois ela fica no quarto das crianças esperando que adormeçam e acaba pegando no sono também.

– Sabe o que mais ouço dela? "Já é tarde. Estou cansada, com meu sono atrasado. Preciso dormir." Isso me deixa desapontado!

A MULHER

Por sua vez, a mulher fica plenamente feliz em ter um número menor de relações sexuais, e quando menstruada, seu desejo, muitas vezes, diminui ainda mais.

Com uma formação física e emocional diversificada do homem, ela tem dificuldade em compreender como ele nunca se sente saciado e chega a pensar que a culpa disso acontecer é dela ser ineficaz, pouco criativa, talvez até já não ser tão atraente. Ou há algum problema, ela não é normal sob o aspecto sexual? E as dúvidas trazem os ressentimentos: "Ele só pensa em sexo e só quer fazer isso comigo. Quase não conversamos sobre nós dois, nossa vida; ele não é romântico, não me agrada com palavras, pequenas lembranças, mas se for para "fazer amor", ele está sempre pronto. Como ele não percebe que preciso de algo mais? Será que, se por algum motivo, não pudéssemos manter relações, ele ainda ficaria ao meu lado? Fico pensando se não casei com o homem errado".

Depois de estudar seriamente as diferenças que o homem e a mulher têm sexualmente, depois de ter trabalhado com centenas de casais, estou convencido que essas diferenças são impossíveis de serem totalmente compreendidas. O que o casal deve procurar fazer é buscar o equilíbrio que vem pela aceitação mútua incondicional. Dentro de limites razoáveis, não se deve julgar as intenções e as motivações do cônjuge. É assim que o homem, o marido, consegue perceber a fragilidade e a sensibilidade da mulher, da esposa, e começa se disciplinar no controle de seus impulsos e desejos sexuais. A mulher, que também é esposa, deve reconhecer que apesar de nem sempre desejar ter relações, por amor ao marido, pode fazê-lo, dando de si mesma a ele.

Enfatizo novamente a importância de se ter uma comunicação aberta, clara. Se isso for feito, mesmo havendo incompreensões, diferenças, desavenças e frustrações, elas podem ser solucionadas com uma conversa boa e honesta.

A privacidade

Quero abordar alguns aspectos da privacidade que devem existir para que o casal tenha, sossegadamente, direito à sua relação sexual. Em um de meus aconselhamentos, uma senhora contou-me que seu marido, por força das circunstâncias, levara a mãe para viver com eles. Ela dormia próximo ao quarto do casal, e para inquietação e insegurança da nora, o aposento dela e do marido não tinha porta. A separação entre um cômodo e outro era feita por uma cortina que não vedava qualquer ruído. Como resultado disso, essa esposa não conseguia entregar-se à relação, preocupada que um dos filhos entrasse no quarto ou que a sogra estivesse atenta a algum barulho diferente. Mais de uma vez ela pedira ao marido para colocar uma porta naquele quarto, mas ele, infelizmente, não a atendia, porque isso, para ele, não era tão importante.

Existem algumas atitudes bem práticas que podem e de--vem ser tomadas para transformar a intimidade sexual do casal em algo apenas deles, com a tranquilidade de viver intensamente sua relação, sem o perigo iminente de serem surpreendidos por alguém:

1. verificar que a fechadura da porta do quarto realmente funciona;
2. manter as cortinas e as janelas fechadas, principalmente se elas, quando abertas, possibilitarem visão ampla do aposento;
3. até dois anos, se for totalmente necessário, penso que é possível uma criança dormir no quarto dos pais. Depois disso, não considero adequado, pois se ela assistir, involuntariamente a relação sexual deles, pode achar que o pai está agredindo a mãe e tornar-se, quando maior, problemática nessa área. A mulher também, com o passar do tempo, perderá a liberdade por saber que o filho, já um pouco grande, está no mesmo quarto.

O asseio corporal

Ninguém, em sã consciência, gosta de ter uma relação tão íntima quanto a sexual, com alguém suado, sujo, exalando odores desagradáveis.

Como o ato sexual é importante, uma ocasião especial, nada mais justo que ambos, marido e mulher, decorem seus corpos com todos os produtos que têm direito de usar e podem comprar a fim de se prepararem "festiva" e agradavelmente para o cônjuge.

O tempo

No envolvente turbilhão de atividades e compromissos que o homem e a mulher desenvolvem atualmente, às vezes, o sexo é só alguma coisa a mais a fazer. Assim, nem sempre é destinado a ele o tempo – qualitativo e quantitativo – que se deveria. É preciso estar atento para que as sucessivas reuniões de negócios, os trabalhos levados para fazer em casa, os filhos, os cuidados com o lar, o último jornal da noite ou algum filme especial na TV, não tomem o lugar do ato sexual, tornando-o insignificante, obrigatório, um meio de saciar o desejo físico, mas nada que atrapalhe a atividade assumida ou programada.

O Criador presenteou homem e mulher com o sexo para que ambos desfrutem as alegrias e o prazer que ele oferece, aproveite-o e conheça-o em todas as suas dimensões.

Na ARTE DE PERMANECER CASADO, é benéfico para o casal aprender a desenvolver e a ajustar sua vida sexual, comprometer-se a satisfazer um ao outro sabendo respeitar, aceitar e compreender as diferenças individuais, protegendo-se, dessa maneira, de terem rusgas, desentendimentos, mágoas.

Capítulo 10 | Finanças – até que a dívida nos separe

Será que meu sogro deve controlar nossas contas?

Carlos e Cristina têm um bom casamento. Antigamente, eles tinham seus empregos e moravam num pequeno apartamento alugado. Sua situação financeira era controlada, mas sem grandes tensões.

Quando nasceu o primeiro bebê, Cristina deixou seu trabalho para dedicar-se à criança e logo percebeu que o apartamento não era adequado ao crescimento sadio de seu filho, pois o espaço era exíguo.

Resolveram, portanto, comprar outro maior para morar com a família, mas, foi necessário pedir ajuda ao pai de Carlos para concretizar a compra. Como ele ficou viúvo, o casal o convidou para morar com eles em sua nova casa. No entanto, tempos depois, chegaram à conclusão de que haviam cometido um erro.

Carlos tornou-se sócio do pai e, gradativamente, essa sociedade estendeu-se também em relação ao dinheiro do casal, que passou a ser comum.

Como era costume desde o início do casamento, Carlos dava determinada quantia a Cristina para as despesas semanais, mas agora ela era obrigada a pedir dinheiro a ele e, na maioria das vezes, ao sogro e tinha de prestar contas de seus gastos aos dois.

Claro que isso tem causado desentendimentos e dificuldades à vida conjugal do casal!

O que eles devem fazer?

Não foi só por causa da infidelidade

Cláudia tem 43 anos. É uma mulher calma, segura, consciente de suas habilidades e capacidade. Ela estava divorciada havia um ano e meio.

Quando descobriu que seu marido já tivera duas amantes e percebeu que ele continuava infiel, ela o deixou, levando consigo seus três filhos.

Certa ocasião, ela veio ao meu escritório em busca de ajuda, e me contou que não fora somente a infidelidade do marido que a levara a tomar a decisão de divorciar-se.

– Na verdade – disse ela – o rompimento já podia ser previsto antes da descoberta do adultério, pois, em relação a nossa vida financeira, passávamos por situações que me deixavam inteiramente insegura.

Renato sempre trabalhou demais, ganhava muito bem, mas não dedicava tempo à família. Quando eu reclamava, ele dizia que isso era preciso porque tínhamos de manter nossa casa (que aliás era imensa), a casa de campo, os carros (que sempre eram do ano), o apartamento na praia, as roupas compradas nas mais finas e caras butiques e as viagens que ele programava todas as férias, invariavelmente para o exterior.

Muitas vezes, apesar do salário dele ser alto, estourávamos o orçamento e, mais de uma vez, passei pela vergonha de ter a luz e o telefone cortados por falta de pagamento.

Esse tipo de "vexame", as pressões impostas pelo padrão de vida que levávamos, as divergências quanto ao controle do dinheiro, a desconfiança de que ele me era infiel, repercutiam em nosso casamento, tornando-o amargo.

Uma série de sentimentos surgiu entre nós e interferiu em nosso relacionamento, contaminando-o como um câncer.

Eu já pensava em separar-me de Renato, mas depois que tive certeza de sua infidelidade, não pude mais suportar.

Ela não sabe controlar o cartão de crédito, quanto mais o talão de cheques!

Diante da realidade de seus problemas, eles resolveram procurar um conselheiro familiar. Na tentativa de compreender o que estava prejudicando o casamento daquele casal, o conselheiro perguntou:

— Carla, qual a importância que você dá ao sexo?

— Muita — ela respondeu — mas não tanto quanto ao entendimento na área financeira.

A seguir, ele fez a mesma pergunta a Leonardo, o marido.

— Ela está certa — Leonardo afirmou — nossa maior batalha é causada pelo dinheiro.

No decorrer da conversa, foi exposto que Carla gostava muito de gastar. Ela conseguia consumir seu salário, o do marido, e ainda muito mais. Insistia em continuar a usar o cartão de crédito, mesmo Leonardo achando mais prudente cancelá-lo.

Leonardo resolveu abrir uma conta corrente só para Carla. Foi um erro. Várias vezes, o banco telefonou para avisar que a conta estava a descoberto.

Todo mês, ao fazer o controle financeiro e perceber que o orçamento fora ultrapassado, e muito, ele se irritava com a esposa e era desencadeada uma verdadeira guerra, diversas vezes presenciada pelos dois filhos pequenos.

Ambos confessaram se amar bastante, mas não sabiam como acabar com as brigas de todo final de mês.

Não aguento ter de pedir dinheiro ao meu marido

Toda manhã, Maurício e Helena levavam à creche seu filho de 2 anos de idade. Depois cada qual ia para seu emprego e só à noite voltavam para buscar a criança.

Já fazia cinco anos que estavam casados, mas de repente começou o conflito. Helena queria ter sua conta bancária separada de seu marido para não precisar dar contas a ele de tudo que gastava e também para fazer uso de seu salário da forma que julgasse mais conveniente.

O desentendimento foi suficiente para criar desconfiança e ressentimento entre eles.

Por intermédio dos exemplos que acabo de citar, apresentei casamentos que foram abalados pelos conflitos e discordâncias no que se refere a dinheiro. Será que ele também é prejudicial em seu casamento?

Observando e conversando com muitos casais, concluí que esse é um dos maiores causadores de estresse na vida conjugal. Ele se evidencia de diversas maneiras, por exemplo:

- o mau uso do cartão de crédito e do talão de cheques;
- o salário insuficiente (motivo de desgaste de muitos casamentos);
- falta de planejamento financeiro;
- disputa entre o homem e a mulher pelo controle financeiro;
- dívidas desnecessárias.

Certamente, essa é uma área no relacionamento do casal que exige muita conversa, muita sinceridade, equilíbrio e compreensão recíproca. Há uma infinidade de atitudes equivocadas que o homem e a mulher tomam quando se trata do orçamento familiar.

É sobre algumas delas que quero escrever agora.

Contas bancárias separadas

Geralmente, ocorre nas famílias em que ambos trabalham fora, e um ou os dois insistem em conservar seu dinheiro separado. Esse comportamento, via de regra, causa desunião e desarmonia no lar.

"O comandante"

Algumas pessoas usam o dinheiro como arma para controlar outras pessoas. Ele passa a ser um aliado forte para até dominar os membros da família.

Para comprar amor

O erro aqui é pensar que amor, como outras coisas na vida, pode ser comprado por uma quantia de dinheiro. A tendência de pais e cônjuges muito ocupados é encher seus filhos e companheiros de presentes, tentando substituir a sua presença no lar ou aliviar sua consciência por não terem tempo de se dedicar à família.

Economizar para a hora do "aperto"

Ao tomar essa atitude, a pessoa exterioriza seu receio, ansiedade e insegurança: medo de perder o emprego, de falir, ficar doente, ou sofrer um acidente. Há um aspecto positivo nisso, mas também há o perigo de ficar presa ao dinheiro dependente, em tudo, tão-somente dele.

"Deixa que eu pago"

Provavelmente, quem age assim tem necessidade de ser aceito pelos outros, por isso, tenta "impressionar" por meio de sua generosidade. Com isso, quer demonstrar que é importante, bem-sucedido e acaba gastando o que não tem. Às vezes, o indivíduo age assim porque na infância foi privado das coisas materiais e, quando adulto, vai para o outro extremo.

Mestre – escravo

– "Já que ganhei esse dinheiro, eu mesmo decidirei como gastá-lo." Em casos assim, a esposa que trabalha em casa, nas atividades domésticas, tem o mesmo direito de decidir como o dinheiro será gasto.

Todas essas atitudes pecam pela falta de compreensão de o propósito do dinheiro e de como ele deve ser usado e administrado em família.

Mas é impossível encontrar acordo e entendimento em uma questão tão delicada para o casal?

Quero tomar a liberdade de sugerir alguns conceitos que poderão ajudá-los a pôr um fim nessa batalha em sua vida conjugal, se porventura ela existir. Se você puder entender e praticar algumas destas sugestões, penso que haverá uma sensível melhoria em seu relacionamento ou, quem sabe se for o caso, até salvar seu casamento.

Não seja enganado pela mentira de que o dinheiro traz felicidade

Quando sonhamos em adquirir determinado objeto, seja um eletrodoméstico, um carro, seja uma casa etc., temos a impressão de que assim que conseguirmos obtê-lo, sobrenaturalmente, pela sua simples posse, todos os nossos problemas existenciais estarão solucionados.

Descobri que existe muita sabedoria na frase: "Eventualmente, talvez você se torne escravo daquilo que lhe pertence". Reflita comigo: quantos gastos supérfluos você fez nos últimos meses? Talvez um caríssimo brinquedo para seu filho, que agora está quebrado, largado num canto? Ou algum aparelho não essencial, um vídeo game, por exemplo, que encrencou e está empoeirado em sua garagem?

A sociedade contemporânea está impregnada pela febre do consumismo, pela paixão do possuir, atacada ferozmente pela máquina da propaganda que dia e noite nos bombardeia, vendendo a filosofia de que a vida depende da abundância das coisas materiais que o ser humano consegue acumular.

Infelizmente, aceitamos essa suposta "vida boa" sem qualquer dúvida ou questionamento. O desejo febril de viver num alto padrão financeiro tem levado inúmeras pessoas a tal estado de cobiça, que acabam tornando-se psicóticas e perdem de vista valores realmente essenciais da existência.

A correria, a luta, a competição desenfreada para obter *status* e posses causam estresse, conflitos e, não poucas vezes, sentimentos de culpa, pois no caminho para o topo do sucesso ficam para trás amigos, familiares, companheiros machucados e não raro prejudicados pela sede de alguém que nada vê à frente, senão seu ideal de vencer.

Mas a desilusão e o malogro das expectativas, em geral, esperam por aqueles que, obcecadamente, trilham esse caminho sem olhar para trás ou para os lados. É muito duro ter de se defrontar com a verdade que a segurança e a satisfação que uma grande fortuna, muito conforto e um alto e bem remunerado cargo trazem, são relativas e quase sempre temporárias.

Os relacionamentos negligenciados, agora são difíceis de ser retomados. Filhos que durante anos observaram os pais obstinadamente fazer do dinheiro seu principal valor, talvez quando adultos, tendam a assumir a mesma postura, comprando a filosofia de vida dos pais e experimentando, como eles, a mesma insatisfação interior. Sobre isso, Jesus, certo dia, recomendou: "Guardai-vos e acautelai-vos de toda a avareza, porque a vida de cada um não consiste na abundância dos bens que possui..." (Lc 12.15; Bíblia Sagrada – Edições Paulinas).

Não estabeleça seu próprio padrão tomando por base o que a sociedade tenta lhe impor

As pessoas tendem a querer ter o que alguém próximo a elas possui. Se, por exemplo, o vizinho comprou um imenso aparelho de TV estéreo, imediatamente sinto compulsão em adquirir um semelhante. Se ele tem um carro luxuosíssimo, eu, ao menos, preciso ter o do ano. A insatisfação com o que já se tem e a entrega submissa ao consumismo exacerbado que a sociedade incute na mente de seus membros levam muitos casais a contraírem dívidas que desequilibram sua vida financeira e, por conseguinte, sua relação. Não quero dizer, de modo algum, que ser rico, bem-sucedido e levar uma vida confortável, seja algo reprovável, ruim ou errado. Ao contrário! De uma vez por todas é preciso derrubar a ideia retrógrada de que "Deus ama os pobres e odeia os ricos". É certo que o lucro desonesto e egoísta, o enriquecimento por meios duvidosos e motivações incorretas deve ser desprezado. O erro está na ideia fixa e doentia de enriquecimento, a tal ponto que o lar, a vida em comum, os filhos e a esposa(o) são postos de lado, em segundo plano, devido a valores distorcidos.

Em algumas ocasiões, recebi em meu escritório homens desanimados, infelizes, riquíssimos, mas falidos em sua vida pessoal. Alguns, confessaram, chorando, que por anos a fio se empenharam em construir sua fortuna e depois de muito esforço e entrega total, conseguiram alcançar o último degrau possível a alguém galgar em sua profissão, em seu emprego. Mas ao atingir a total realização de seu alvo, perceberam que o último degrau do sucesso os levara ao lugar errado. Lá no alto, aonde chegaram, já não tinham consigo a companhia da esposa, cansada de ser preterida por reuniões, viagens de negócios, horas extras e pela impossibilidade de estar junto ao marido nas férias ou mesmo nos feriados. Já não tinham consigo os filhos. Estranhos de seu próprio pai, se tornaram rebeldes, auto-suficientes, desorientados, não aceitando qualquer interferência paterna em suas decisões pessoais.

Sim, é certo que são homens respeitados, reconhecidos, afamados, mas sós, sem amigos, desconfiados de quem se aproxima deles, temerosos de serem traídos e enganados. Sem família, no que se refere ao envolvimento profundo que ela oferece, são desconhecidos em sua casa, impedidos, pelas circunstâncias que eles mesmos criaram, de participar do dia-a-dia da esposa e dos filhos. Lamentavelmente, são homens que perderam o que há de mais precioso na vida.

O grande poeta brasileiro Olavo Bilac transportou para seus versos a luta aguerrida de Fernão Dias Paes Leme, "o Bandeirante", pela descoberta de suas sonhadas esmeraldas. Neste poema imortal, podemos perceber a mesma luta de muitos homens de negócios de hoje:

Foi em março, ao findar das chuvas...
Sete anos! Combatendo índios, febres, paludes,
Feras, répteis – contendo só sertanejos rudes,
Dominando o furor da amotinada escoita...
Sete anos! E ei-lo de volta, enfim com o seu tesouro!...
Com que amor, contra o peito, a sacola de couro
Aperta, a transbordar de pedras preciosas!... volta...

E o delírio começa. A mão, que a febre agita,
Ergue-se, treme no ar, sobe, descamba aflita,
Crispa os dedos, e sonda a terra e escarva o chão:
Sangra as unhas, revolve as raízes, acerta,
Agarra a sacola, e apalpa-a e contra o peito a aperta,
Como para a enterrar dentro do coração.

Ah! mísero demente! *O teu tesouro é falso!*
Tu caminhaste em vão, por sete anos, no encalço
De *uma nuvem falaz*, de *um sonho malfazejo!*
Enganou-se a tua ambição! Mais pobre que um mendigo.
Agonizas, sem luz, sem amor, sem amigos,

Sem ter quem te conceda a extrema-unção de um beijo.
(Bilac, Olavo – *Nossos clássicos* – *Poemas* –Ed. AGIR 1959).

Queria que, agora, você avaliasse honestamente sua vida. Será que você trilha essa estrada? Talvez esteja no início ou no fim dela, mas seja como for, saia na primeira chance que tiver.

Salomão, reconhecido como um grande sábio, disse: "Aquele que tem olhos invejosos corre atrás das riquezas, mas não sabe que há de vir sobre ele a penúria" (Pv 28.22; Bíblia Sagrada – Edição Revista e Atualizada).

Li, certa vez, o seguinte: Há sete épocas na vida de um homem:

1ª. uma pequena criança vê a terra;
2ª. ela a quer para si;
3ª. quando já adulto, decide-se por ganhá-la;
4ª. decide ficar satisfeito só com, mais ou menos, a metade;
5ª. certamente, ficaria satisfeito com menos que a metade;
6ª. ele se contenta em possuir somente sete palmos abaixo do chão;
7ª. ele consegue.

Tempos atrás, ouvia uma palestra gravada numa fita cassete, e determinada história ali narrada me chamou atenção:

Certo pastor foi convidado a dirigir uma cerimônia fúnebre. Para isso, ele precisaria usar um terno escuro, mas, por infelicidade, não tinha nenhum e também não dispunha de muito dinheiro para comprar. Assim, resolveu ir a uma loja de roupas usadas para ver se encontrava algo aproveitável.

Para sua surpresa havia um terno, do seu número, preto, a um preço razoável e, o que era melhor, muito bem conservado.

Empolgado, ele imediatamente o comprou e, enquanto pagava, perguntou ao funcionário que o atendia como podiam vender uma peça tão boa a preço tão baixo? Encabulado, esboçando um sorriso sem graça, o homem confessou que todos os ternos da loja anteriormente pertenceram a uma agência funerária, que os usava nos mortos, "desvestindo-os" instantes antes do enterro.

O pastor ficou em dúvida se deveria ou não vestir um terno que um morto usara, mas como nunca ninguém descobriria a fonte de onde viera sua roupa, resolveu utilizá-lo.

Tudo correu bem, até que na metade do ato fúnebre, enquanto falava, distraído ele procurou enfiar a mão no bolso da calça. Depois de algumas tentativas, percebeu que ela não tinha bolsos.

Essa é uma lição ótima e prática! Para onde todos nós iremos um dia, bolsos, carteiras, dinheiro e bens são totalmente desnecessários.

Para finalizar, mesmo que consigamos acumular muita riqueza, não teremos nisso uma razão para viver.

No fim de nossos dias, mais importante que olhar para trás e contabilizar as terras compradas, os imóveis adquiridos, a poupança economizada etc..., estabelecendo uma relação com o que meu vizinho, amigo ou irmão conseguiu, é olhar para trás e ver uma família estável e unida ao nosso redor, dando-nos amor, levando-nos à certeza de ter dado real sentido à nossa vida.

O maior segredo da existência é investi-la naquilo que vai perdurar além dela.

Cuidado! O cartão de crédito pode ser seu inimigo!

Queria que você, se tiver, tirasse seu cartão, ou cartões, de crédito da carteira. Olhe-o atentamente. Observe algo interessante: você não encontra neles a palavra dívida. Por quê? Porque as ricas companhias que distribuem os cartões, fizeram questão de suprimir essa palavra assustadora, negativa e realista demais.

Milhões de reais são gastos em propagandas atraentes para vender a ideia de que esse dinheiro plástico é mais prático e melhor que o dinheiro vivo.

Quando você compra algo com o cartão, isso significa que fez uma dívida. Se pudesse, eu colocaria em cada um deles o aviso: Use cuidadosamente! Cartão de dívida. Eles são causadores de prejuízos e sérios estragos em muitos casamentos. Pensando bem, acho que colocaria outro aviso: O uso deste cartão pode causar seríssimas tensões e desentendimentos no casamento.

Realmente, ao utilizar essa facilidade moderna, o ser humano está sujeito a ficar profundamente deprimido por não conseguir controlar-se, irritado por constatar que o cartão provocou um rombo enorme em seu orçamento mensal, ansioso por perceber que ele comanda e altera radicalmente seu estilo de vida.

Raciocinando friamente, como já dissemos, cartão de crédito significa, com raras exceções, contrair dívida, e essa palavra tem por sinônimos: obrigação, dever, devedor, compromisso, demanda, endividar-se, débito.

Essa lista o incomoda, leitor? Percebeu que ela não contém sequer uma palavra com conotação positiva?

É interessante observar também que o extrato mensal enviado pela companhia traz o total do débito e a quantia mínima que deve ser paga no mês corrente, acumulando juro sobre o total que fica para ser saldado. Isso acumula, na verdade, riqueza para o distribuidor do cartão, empobrecendo o bolso do consumidor que entra nesse círculo vicioso sem perceber que se torna escravo daquele pequeno retângulo. Endosso as palavras de Salomão: "O rico domina sobre o pobre, e o que toma emprestado é servo do que empresta" (Pv 22.7; Bíblia Sagrada – Edição Revista e Atualizada).

Apesar de ser um mal necessário porque evita que a pessoa carregue muito dinheiro e seja assaltada (perigo tão presente atualmente), o cartão de crédito é uma opção ardilosa, pois facilita a compra desordenada. Diante da arrasadora manipulação da máquina de publicidade, torna-se uma quase irrecusável tentação comprar agora e pagar mais tarde. Os limites do orçamento são ultrapassados com facilidade.

Judith e eu, no começo do nosso casamento, combinamos não fazer dívidas. Usamos cartão de crédito, porém, nunca permitimos que os juros se acumulem. Se você e sua esposa, como nós, têm conseguido livrar-se da dívida que aumenta a cada mês como resultado da utilização de cartão de crédito, considerem-se felizes exceções.

Entretanto, se seu relacionamento estiver ameaçado por problemas financeiros decorrentes das sôfregas aquisições feitas com o cartão, quero sugerir:

1. encare realisticamente que isso está fazendo seu relacionamento conjugal naufragar;
2. pare de comprar coisas desnecessárias ou que não tenha recursos para pagar;
3. não use o cartão se não pode ou não pretende saldar a dívida integralmente no final do mês;

4. aprenda a esperar o momento certo para adquirir o objeto desejado;
5. experimente o alívio, a tranquilidade, o sossego de não assumir dívidas. É uma sensação gostosa e ajudará seu casamento.

Na ARTE DE PERMANECER CASADO é preciso haver controle rígido do uso dos cartões de crédito para que eles não controlem (ou devo dizer descontrolem) todo o planejamento financeiro da família.

PLANEJEMOS!

Faça um planejamento financeiro. Toda firma, toda indústria, todo governo, até atividades religiosas fazem isso. Por que a família deveria se isentar de fazer?

Qualquer pessoa que queira iniciar um negócio e não fizer um planejamento para seu futuro financeiro é um louco!

Na assistência que dou por anos a fio a diversos noivos que estão para casar, peço que façam um planejamento de suas finanças. Se eles concordam, apresento um modelo como sugestão, pois alguns nunca fizeram nada do gênero e não sabem nem ao menos por onde começar.

Quantos casais têm me assegurado que essa prática os auxilia consideravelmente a ter uma vida conjugal sem conflitos financeiros e, por conseguinte, livre de algumas tensões emocionais decorrentes da instabilidade nessa área.

Alguns fatores retardam a adoção desse costume tão benéfico por parte daqueles que estão para se casar, como:
– Dificuldade em acostumar-se a fazer planejamento financeiro, porque:
1. nunca foi uma prática exercida pelos pais dos noivos;

2. há ausência de cursos que ajudem o jovem casal a preparar-se para a vida matrimonial em suas diferentes áreas, mesmo finanças;
3. não é muito fácil para um rapaz e uma moça que estão sobrecarregados e preocupados com tantos preparativos para o casamento pararem e conversarem entre si sobre como será seu orçamento.

— Em vários casamentos, acontece de apenas um preocupar-se com a situação econômica familiar.

A mulher e o homem que não conseguem controlar seu impulso de gastar dinheiro descontroladamente acabam por influenciar os filhos, que se acostumam também a querer tudo que vêem, voltando-se contra aquele, pai ou mãe, que é mais "seguro" financeiramente.

— A economia da nossa nação tem permitido que as pessoas equilibrem os gastos com seu salário.

Não está fácil encontrar emprego. Muitos chefes de família sujeitam-se a salários muito baixos, por ser melhor do que nada. Porém, é muito difícil sustentar uma família, mesmo procurando economizar ao máximo.

Nesse caso, não fazer gastos indevidos e levar realmente a sério um planejamento muito estudado e discutido por ambos, obviamente é a solução para quem depende de um salário defasado.

No entanto, em oposição a essas dificuldades, existem os benefícios:
1. a previsão financeira por intermédio de um plano permite que o casal estabeleça prioridades e se comprometa a gastar o dinheiro apenas para o que realmente é importante, até atingirem uma vida mais cômoda;
2. ajuda a controlar os gastos mensais;

3. ajuda a poupar para investir no futuro em algo muito almejado, um apartamento ou casa, faculdade para os filhos, um carro;
4. elimina a necessidade de pedir dinheiro emprestado e ter de pagar juros;
5. ajuda a tirar a área financeira do caos;
6. ajuda a evitar irritações, desavenças, desconfianças e frustrações para o casal.

Sejamos sinceros

O marido e a esposa não deveriam ter segredos sobre sua situação financeira. Ambos sempre devem estar a par de como o dinheiro está sendo ou será gasto.

Imprescindível, também, é que os dois sejam muito honestos. Se o casal fez um planejamento, deve haver compromisso mútuo de agir de acordo com o plano, mas se não for possível, precisam conversar abertamente sobre as razões da mudança.

Na ARTE DE PERMANECER CASADO, numa sociedade acostumada ao apelo de se possuir e consumir tanto o básico quanto o desnecessário, com as facilidades oferecidas pelas tentações dos talões de cheques, dos cartões de crédito e das prestações que levam o casal a fazer dívidas, o casal não deve abrir mão de seu propósito de manter-se no orçamento estabelecido para evitar sofrer tensões ameaçadoras a sua vida conjugal.

Capítulo 11 | Quem não se comunica... - a chave para aprofundar o relacionamento

Na ARTE DE PERMANECER CASADO, a comunicação é importantíssima. Nunca é demais frisar como ela é essencial na evolução de um relacionamento saudável entre marido e mulher.

A diferença básica entre um casal infeliz e um casal feliz está em sua comunicação.

Salomão, grande sábio da antiguidade, falou o seguinte sobre comunicação: "A morte e a vida estão no poder da língua; o que bem a utiliza come do seu fruto" (Pv 18.21; – Bíblia Sagrada, Revista e Atualizada no Brasil).

Vida ou morte? Felicidade ou infelicidade? A escolha é de cada um, dependendo da sua disposição e capacidade de dialogar.

Costumo explicar aos casais como a comunicação é importante do seguinte modo:

– A mulher tem "seu mundo". É casada, tem seu marido. Se trabalha fora, tem o seu chefe, relaciona-se com colegas e amigos, etc. Se ela é dona-de-casa, ocupa-se das tarefas do lar, cuida dos filhos, convive com a empregada, prepara refeições, etc. Esse é "seu mundo".

Simultaneamente, o homem também tem "seu mundo": as viagens de negócio, o escritório, responsabilidades com o trabalho e a casa, os colegas e amigos, a esposa, os filhos, etc.

Compreendemos perfeitamente a necessidade de cada um ter sua própria vida. Contudo, é absolutamente indispensável haver uma ponte que ligue o mundo da esposa ao do marido, e vice-versa. Essa ponte é a comunicação. Em muitos casamentos, ela está caindo ou já caiu. O casal que está diante dessa "catástrofe" e quer salvar seu matrimônio precisa consertar a ponte com urgência.

É deprimente presenciar a tragédia de um casamento sem intimidade emocional porque a ponte do diálogo ruiu.

Algumas pessoas são como castelos medievais. Seus muros altos as protegem com segurança de ataques que as possam ferir. Eles lhes dão toda certeza de que não serão molestadas emocionalmente, não permitem qualquer troca de ideias, de sensações e de emoções com os outros. Ninguém consegue escalar os elevados muros e penetrar no interior delas. Infelizmente, o resultado dessa superproteção é uma triste solidão, já que estão reclusas dentro de seus castelos. São prisioneiras de si mesmas, ansiam por dar amor e por serem amadas. Mas os muros protetores as tornam inatingíveis.

Existe uma poesia, obra de um autor desconhecido, que descreve as devastações causadas pelas barreiras, pelos muros construídos a partir do medo que a pessoa tem de expor seu íntimo. Apropriadamente, a poesia chama-se MUROS" e seu enredo é este:

"Na mesa, a foto de casamento olhava para eles zombeteiramente, pois suas mentes não mais conseguiam se tocar. Viviam com enormes barreiras entre si, que nem mesmo aríetes, nem artilharias podiam alcançar ou derrubar. Em algum lugar entre o primeiro dente do filho mais velho e a formatura do caçula, um se distanciou do outro, até perdê-lo. Ao longo dos anos, cada qual quis desenrolar uma bola de barbante chamada 'ego', no entanto, enquanto isoladamente puxavam seus nós com teimosia, escondiam do outro sua procura.

Às vezes ela chorava, escondida pela noite, pedindo à escuridão que contasse a ele que aquele choro era dela. Todavia, deitado ao seu lado, ele roncava como um urso em hibernação, alheio ao inverno que ela atravessava.

Uma vez, depois de ter 'feito amor', ele quis falar-lhe de seu medo de morrer, mas temeu desnudar sua alma. Em vez disso, galanteador, elogiava os seios dela.

Ela estudou arte moderna procurando se encontrar. Ao espalhar firmemente as cores na tela com pinceladas bruscas, reclamava com uma colega da insensibilidade dos homens.

Ele se enclausurou num túmulo chamado 'escritório'; embrulhou sua mente em montes de papeladas e dados e se enterrou no meio de seus clientes.

Vagarosamente, quase que de modo imperceptível, o muro se ergueu entre os dois, cimentado pela indiferença.

Certa ocasião tentaram se achar, mas não conseguiram mais encontrar-se. A barreira estava ali, intransponível. Recuaram, agredidos pela frieza das pedras daquele muro. Cada um retrocedeu diante da pessoa estranha que tinha ao seu lado.

O amor não morre num momento de batalha feroz, nem quando os corpos ardentes perdem seu calor, mas quando, exausto, ele desiste, deitando-se vencido ao pé de um muro que não pode transpor."

Leitor, espero que essa não seja a descrição do seu relacionamento conjugal.

Se de alguma forma ela atingiu seu coração, gostaria que você lesse atentamente as linhas deste capítulo, buscando reconstruir a ponte que tão inexoravelmente foi destruída pelo tempo.

Uma definição

Mas o que é comunicação? É o processo verbal ou não-verbal de transmitir uma informação a uma pessoa de maneira que ela entenda o que está sendo dito.

Comunicar-se é uma arte! Levamos a vida inteira para aprender como ser eficientes nela.

Qual é o seu nível de comunicação?

Ressalto quatro níveis e penso que todo casal que quer ser feliz em seu casamento deve comprometer-se no aprofundamento de seu relacionamento num nível mais produtivo.

Avalie sua comunicação familiar:

Nível quatro

É uma conversa superficial, do tipo que quer dar a entender que tudo está bem. São usadas expressões, como: "Será que vai chover hoje?" "Bom dia!" "Tudo bem?" Mas a pessoa permanece resguardada por trás de sua máscara.

É incrível, mas inúmeras uniões matrimoniais tentam, com muita dificuldade, prosseguir nesse nível.

Decerto, quando Deus criou o homem e a mulher para que usufruíssem mútuo companheirismo, sua concepção de comunicação para ambos não era superficial.

Nível três

Nesse nível, o casal está contente por simplesmente relatar fatos, reportar opiniões de outros, sem fazer nenhum comentário substancial.

A pessoa não sai de "sua casca" para dar-se a conhecer. Não expõe seus pensamentos e sentimentos. A comunicação é limitada. O casamento em que um não se mostra ao outro como realmente é caminha para o insucesso.

Nível dois

Aqui os cônjuges começam a revelar suas ideias e pareceres. É o começo de uma comunicação real. Eles se dispõem a correr o risco de expor o que pensam e de propor soluções próprias.

Se vocês se comunicam nesse nível, existem grandes esperanças de que ainda ocorra um maior aprofundamento da intimidade.

Nível um

Aqui a comunicação é total. As pessoas estão abertas a partilhar seus sentimentos, opiniões e pensamentos. O diálogo baseia-se em honestidade e abertura completa. Para o marido e a mulher não é muito fácil atingir esse nível, e quando o atingem torna-se difícil mantê-lo, porque os dois sentem medo de serem rejeitados, refutados. É mesmo ameaçador deixar transparecer todo o interior para o cônjuge. Mas isso é vital!

Vários casais ainda insistem em manter sua comunicação nos níveis três e quatro. Hesito em usar a palavra comunicação para esses níveis, pois neles, ela não passa de uma conversa superficial.

Por que, no casamento, as pessoas não dialogam com mais profundidade?

No meu modo de ver, por algumas razões:

- Há indivíduos que não possuem desenvoltura para falar com outros. Eles não aprenderam a fazê-lo claramente e encontram obstáculos até mesmo para formar frases.
- Alguns têm receio de expor o que sentem e pensam por não quererem se magoar caso alguém discorde deles.
- Às vezes, as pessoas adotam a seguinte atitude: "Falar não vai resolver nada, então, por que dialogar?"
- A inferioridade é outro problema que interfere na comunicação. A pessoa acha que não tem nada a oferecer, que suas opiniões não têm valor. A autoimagem que possui é tão inferiorizada que, como consequência, evita fazer comentários ou expressar seus sentimentos pessoais.
- Muitos recorrem às lágrimas para tentar fugir da conversa mais dura e séria. Geralmente, é a mulher quem apela para esse subterfúgio em situações mais confrontadoras.
- Há os que gritam – quanto mais altos forem esses gritos, menor será a comunicação.
- Existem aqueles que se fazem valer pelos atos de violência; trocar tapas, torcer o braço, unhar, dar "paneladas"

na cabeça do companheiro e comportamentos semelhantes.
- O silêncio é outra alternativa que os cônjuges utilizam – ambos decidem-se pelo desprezo, pela indiferença e usam o silêncio para menosprezar o parceiro.
- Fazer caretas pode parecer algo muito infantil, entretanto, casais com muitos anos de vida em comum escolhem esse método quando se sentem irritados ou zangados. Na realidade, fazer caretas é a única opção que muitos vêem como meio de comunicação no calor de uma briga.

Observe bem, lágrimas, gritos, atos de violência, silêncio ou caretas, todas essas demonstrações são, até certo ponto, uma tentativa dos casais se comunicar, mas, desafortunadamente, elas são inteiramente improdutivas e ineficazes.

O esposo e a esposa que estão empenhados em alcançar um nível mais intenso em seu diálogo, devem abandonar essas manias infantis e imaturas e aprender a se expressar de maneira adulta e madura.

Alguns conceitos

Talvez o conceito mais importante na comunicação seja o de reconhecer que ela é sempre UMA RUA DE DUAS MÃOS, isto é, não é somente falar, mas também ouvir.

Uma das melhores maneiras de fortalecer a comunicação é desenvolver a capacidade de ouvir. O cônjuge que sabe ouvir presenteia seu companheiro(a). É uma atitude que revela amor e carinho.

Há uma grande diferença entre ouvir e escutar. Escutar é fundamentalmente receber conteúdo ou informação. Ouvir é preocupar-se com o que o outro está dizendo. É procurar compreender os sentimentos. É fazer o possível para pôr-se na situação sobre a qual a pessoa discorre. Enquanto um dos dois fala, em geral, o outro está pensando e planejando o que dirá assim que ele acabar de falar. Aceitar completamente o que o marido ou a mulher está dizendo, sem julgá-lo, não é tarefa das mais simples.

Pode ser que a pessoa ouça as palavras que estão sendo proferidas, mas não goste do jeito como foram ditas, da tonalidade de voz que foi usada, dos gestos, das expressões faciais, etc.

Um bom ouvinte deve respeitar e até saber repetir honestamente o que seu cônjuge falou, e não somente isso, mas desenvolver sua sensibilidade, definir o que ele (ou ela) sentia.

Para ser bons ouvintes, os casais devem superar alguns obstáculos:

Preconceitos e atitudes que um tem com o outro, atrapalham. Nossos preconceitos nos fazem rejeitar a pessoa ou sua personalidade por motivos, como: jeito diferente de se comunicar, o fato de ser do sexo oposto ou ser alguém que lembre alguma coisa negativa do passado.

Creio que o maior empecilho em ser bom ouvinte está em querer ocupar uma *posição de defesa*. A pessoa está falando, enquanto o que ouve elabora o ataque ou a defesa.

Quando se age assim, ou chega-se a conclusões precipitadas ou julga-se saber o que o outro está para dizer e não lhe é dada a devida atenção.

Seria excelente se ao ouvirmos alguém, nosso cônjuge ou não, que o fizéssemos com todo respeito, por intermédio dos ouvidos do coração.

Nem sempre quem está na defensiva demonstra isso. Às vezes, você fala, e o outro, exteriormente, parece concordar, mas se seu interior pudesse ser descortinado mostraria que pensa justamente o contrário. Pergunto: quando seu marido ou mulher o(a) defronta com sua atitude ou comportamento reprovável que tem desencadeado um conflito no seu relacionamento, você aceita a crítica ou busca, de qualquer modo, defender-se?

Outra barreira a ser vencida para haver uma comunicação num bom nível é a *interrupção*.

A pessoa não tem muita paciência para esperar seu companheiro(a) relatar tudo que deseja, com todos os detalhes e minúcias.

Impaciente por um desfecho rápido, interrompe e termina o que acha que a outra pessoa diria, ou, então, dá todas as suas próprias respostas sobre o caso. Isso irrita aquele que está se comunicando, e, se esse hábito persiste, ele pode desanimar, fecha-se em si mesmo, passando a preferir manter-se calado.

Quando existe uma atitude negativa com o cônjuge, enquanto esse fala, o diálogo pode ser filtrado equivocadamente pelo que ouve. Não é necessária muita concentração para se ouvir apenas o que se quer ouvir, ignorando pontos de vista e sentimentos incômodos. Ao optar por ouvir seletivamente, pode-se lembrar com facilidade do que se aprecia e esquecer o que não é agradável ou o que se discorda.

Para derrubar todas essas barreiras e chegar a ser um bom ouvinte, o casal precisa certificar-se que deve melhorar a qualidade do "seu ouvir". Precisa detectar quais são seus preconceitos em relação ao cônjuge e compreender que essas atitudes só trazem prejuízo para a vida de ambos. Deve aprender a ouvir com todo seu ser: com olhos, face, corpo, mente e coração.

Procurar fazer perguntas para esclarecer com clareza o exposto. Fazer observações inteligentes, refletindo antes de dar sua resposta. Sobretudo, aprender a ser paciente, especialmente se seu marido ou esposa é vagaroso para fazer colocações e contar fatos, ou tem dificuldade para se expressar. Ser paciente é uma das características do amor. É parar aquilo que se está fazendo, olhar para o companheiro e dar atenção, ouvir com toda seriedade enquanto ele fala. É uma arte a ser aprendida! É um modo prático de se mostrar amor.

Na comunicação deve-se saber ESCOLHER O MOMENTO CERTO. Novamente, cito Salomão que consegue dar seu parecer sobre o assunto de forma simples e sucinta: "[...] e a palavra a seu tempo, quão boa é!" (Pv 15.23b; Bíblia Sagrada, Revista e Atualizada no Brasil). O casal deve observar essa norma, habituando-se a esperar a melhor hora para dialogar.

ANTES NUNCA DO QUE TARDE

Minha esposa e eu já sabemos que para nós é melhor não discutir um problema mais sério depois das dez da noite. Temos a tendência a reagir negativamente a qualquer discussão quando estamos cansados fisicamente.

LONGE DOS OLHOS, PERTO DO CORAÇÃO

Não brigue ou discuta na presença de seus filhos. Assistir a uma briga entre os pais gera medo e insegurança na criança e pode marcá-la emocionalmente por toda vida.

ROUPA SUJA SE LAVA EM CASA

Não discuta em público. Brigas familiares devem ser resolvidas em casa. É fácil ofender o cônjuge utilizando cinismo, sarcasmo, palavras ásperas. O pior é fazer tudo isso publicamente!

Tudo tem seu tempo certo

É totalmente inoportuno e desaconselhável resolver problemas ou tratar algo importante quando um dos dois está envolvido e concentrado em alguma atividade. Minha senhora, não tente conversar com seu marido sobre alguma complicada resolução durante um jogo da seleção brasileira na Copa do Mundo. Procurem separar um horário específico para conversar e se esforcem para ser fiéis nisso. Aqueles que têm procurado fazer isso, declaram-se bem-sucedidos em sua comunicação conjugal.

Durante minhas exposições em cursos que dou, saliento aos jovens que devem FALAR SEMPRE A VERDADE, MAS COM AMOR. É importante desenvolver-se honestidade logo no início do namoro. Tenho observado que quando o casal durante seu namoro e noivado não desenvolve o costume salutar de comunicar-se honestamente, quando casados amarga sérios conflitos.

Humanamente, não é fácil ser sincero. Faz parte da tendência humana buscar camuflar motivos, comportamentos, atitudes, palavras que atestam contra a nossa imagem. Mas a comunicação séria e profunda necessita de um compromisso mútuo de honestidade. Não adianta fingir se, na realidade, não somos aquilo que queremos aparentar.

Uma moça estava felicíssima: casar-se-ia com o rapaz que amava! Ele gostava demais de pescar, ela odiava.

Semanas antes do casamento, ele decide convidá-la: "Querida, você não gostaria de pescar comigo amanhã?" Ela, apesar de sentir aversão pelo esporte, afirma fingidamente: "Ah! eu adoraria!"

No dia seguinte, às 3 horas da manhã, sonolenta e arrependida, sacrificialmente ela vai para a cozinha preparar o lanche que os dois deveriam levar ao "passeio". Ao preparar tudo como um autônomo, ela se recriminava: "Por que aceitei?"

Quatro horas em ponto, lá está ele em sua porta, disposto, exultante, pronto para iniciar a pescaria.

A moça consegue se superar. Com muito esforço exterioriza uma alegria inexistente e, disfarçando seu desagrado, parte com ele rumo às varas de pesca e aos peixes.

Finalmente o dia termina, e ela consegue vencer o mau-humor engolindo-o em meio a picadas de pernilongos, minhocas gosmentas, cheiro forte de peixe, muita chuva e muito barro.

E o tão sonhado dia do casamento chegou. Meses depois, vivendo ainda em lua-de-mel, ele resolver propor:

– Querida, vamos pescar sábado que vem?

Ela responde:

– Eu?! – Detesto pescar!!! Vá sozinho.

– Mas como? Você disse pouco antes de casarmos que adorava pescar?!

E assim, começa uma briga...

No altar, o desejo sincero de amar o cônjuge é assumido, e o amor exige honestidade.

A promessa de ser honesto e autêntico já foi acatada por você e seu esposo(a)? Se isso não acontecer, o que restará será manipulação.

É possível você dizer isto?

"Querido(a), quero aprender a ser honesta(o) com você e gostaria que você fizesse o mesmo comigo." Tente, isso pode aprimorar muito a comunicação de vocês dois.

"Responda com palavras brandas e bondosas, nunca com raiva" (Pv 15.1; Bíblia Viva;).

Esse é o conselho de Salomão que, se seguido, provará ser mais eficiente e agradável, além de provocar reações bem mais positivas.

Certo dia, eu e meu amigo Osiander almoçamos juntos. Paramos o carro numa rua que ficava cerca de duas quadras do restaurante. Na euforia do encontro, numa conversa animada, não percebemos que havíamos estacionado em frente a uma garagem.

Uma hora e meia depois, ao voltarmos, percebemos o erro cometido. Olhei para a casa e vi na janela um homem irracionalmente feroz. Assim que nos viu, ele saiu furioso, gritando, ameaçando, xingando. Olhei para Osiander e disse:

— Zi, agora é hora de seguir os conselhos de Salomão.

Pacientemente, ouvimos o homem ofender todas as mães do mundo, e quando ele estava prestes a nos dar uma surra, dissemos:

— Nós erramos. Foi falta de consideração estacionar o carro em frente a sua garagem. Queremos que o senhor nos perdoe.

De repente, ele deu um passo para trás, tranquilizou-se, acalmou-se e disse:

— Ah!, sim. Sei. Bem, não foi nada. Qualquer um poderia ter cometido o mesmo erro.

Ainda conversamos um pouco com ele, depois nos despedimos, e, no carro, comentei com meu amigo:

— Zi, Salomão tinha razão, não é mesmo?

Ele respondeu:

— Puxa, e como!

Será que o grande problema de comunicação do seu casamento não está, justamente, nas respostas duras e impensadas que você costuma dar? Comece a responder com brandura e amabilidade e perceba como isso fará uma mudança sensível no ambiente de seu lar.

Uma das maneiras mais práticas de não destruir a ponte da comunicação e não construir barreiras é NÃO CULPAR OU CRITICAR O CÔNJUGE. A crítica e a culpa impedem a cura de feridas dolorosas e mágoas extremamente nocivas.

Quando a discórdia conjugal acontece, cada um tenta se livrar da culpa e procura, às vezes, arranjar um bode expiatório. Afinal de contas, ninguém gosta de viver carregando um sentimento assim. O modo encontrado para lidar com esse inimigo é jogá-lo sobre outra pessoa, na maioria das ocasiões, o cônjuge.

Começa, a partir desse momento, uma luta. Um ataca, o outro contra-ataca. O tempo passa, e eles se tornam ótimos combatentes. Triste isso! Não seria melhor agir assim?

– Não criticarei nenhum membro da minha família, principalmente meu marido (ou mulher), mesmo que a crítica seja justa, a não ser que eu tenha uma solução prática e construtiva para sugerir.

Em vez de culpar, atacar, criticar, destruir, fale de seus sentimentos, mágoas, ofensas de forma calma. É possível queixar-se e ser construtivo. Contudo, em primeiro lugar, a calma, a tranquilidade devem ser mantidas.

No capítulo RESOLVER OS CONFLITOS! abordo esse assunto mais amplamente.

É essencial também saber diferenciar e fazer separação entre a pessoa e seu comportamento negativo. Antes de agredir o companheiro com palavras pejorativas, como é o hábito de muitos casais, diga que o comportamento dele foi imprudente, destrutivo, prejudicial para o relacionamento.

Se foi sugerido que você se comportou de modo estranho e negativo em determinado momento ou situação, com calma, sem sarcasmo, pergunte: "O que você teria feito naquela hora ou ocasião?"

O acusador vai ter a oportunidade de se pôr no lugar do acusado e meditar na dificuldade pela qual ele passou. Lembre-se, quando um cônjuge ataca o outro descarregando suas amarguras, esmaga o coração daquele que o ouve.

Sei que ao casar, seu esposo ou esposa não tinha a intenção de o(a) ferir ou machucar, mas com o tempo a comunicação se corrompeu, e, agora, você se sente fortemente ofendido(a).

É muito difícil voltar atrás e consertar a ponte. Mas nada é impossível!

Na ARTE DE PERMANECER CASADO, é imprescindível haver uma avaliação honesta, sincera e humilde para descobrir se na comunicação conjugal não têm sido usadas "palavras de morte".

Você estaria disposto a dizer?

– Querida(o), reconheço que estou errado(a). Por favor, perdoe-me. Quero amá-la(o). Não vou prometer um mar de rosas, mas estou decidido(a) a andar em direção à restauração de um casamento que se continua assim, pode resultar num divórcio.

Capítulo 12 | *Fidelidade – confiança e respeito*

Já estava quase na hora que dona Raquel marcara para uma consulta. Enquanto aguardava em meu escritório, olhei para o céu e pensei que com a tempestade que se aproximava ela desistiria de comparecer ao compromisso. Enganei-me. Mesmo com a chuva torrencial, aquela mulher chegou pontualmente no horário marcado. Apesar de não conhecê-la, de nunca tê-la visto antes, entendi por que ela não desistiu: ela estava desesperada. Seu semblante estava triste, deprimido, ansioso, e, assim, que começou a falar sobre seus problemas, compreendi o motivo da sua tristeza.

Ela era casada havia dezesseis anos e tinha dois filhos. Certa vez sentiu-se muito mal, e como dia após dia seu estado piorasse, decidiu consultar uma médica. O diagnóstico foi surpreendente e humilhante. O marido a contaminara com uma doença venérea, possivelmente adquirida num relacionamento extraconjugal.

Revoltada, surpresa e envergonhada, Raquel questionou o marido, que confessou estar mantendo romances furtivos com outras mulheres.

Enquanto se submetia ao tratamento para curar-se do mal imposto a ela pela irresponsabilidade de seu marido, todo o *respeito e confiança* que sentia por ele desapareceram, com a doença que contraíra.

A decepção, a falta de respeito, a desconfiança, cederam lugar ao desprezo por ele e à solidão.

Um dia o telefone tocou. Do outro lado da linha, apesar de ter discado o número errado, o homem foi extremamente gentil e simpático.

Alguns dias depois, ele ligou outra vez, só para conversar. E foi assim que ela também começou um relacionamento adúltero que já dura dois anos.

O fato de ele ser casado e ter filhos a faz sentir-se culpada, mas o amor, o carinho, a atenção e a amizade que ele lhe dedica, lhe deram forças para prosseguir. Tudo que seu marido lhe negara, ela encontrou nesse homem.

Há dois anos que Raquel e seu marido não têm relações sexuais, e, certamente, ele tem outra ou outras mulheres. Ambos nem ao menos conversam; a comunicação é inexistente entre os dois. Mas como em toda situação anormal, as dificuldades são maiores que as alegrias, e o preço a ser pago por alguns momentos agradáveis é muito alto.

Seu lar sofre profundamente as consequências dos desajustes do casal. Seus filhos sentem-se perdidos, divididos, carentes de amor.

O lar de seu amante também está se arruinando, e tem sido muito duro para ela conviver com todo remorso e culpa.

Essa senhora tem pedido o divórcio a seu esposo sistematicamente, mas ele se nega a concedê-lo, porém, ela tem consciência que, mesmo divorciada, não estará livre dos sentimentos que carrega em seu íntimo.

Quando acabei de ouvir a sua história, perguntei-lhe:

– Dona Raquel, por que você casou com esse homem? Você o amava?

A resposta que ela deu para as duas perguntas, foi:

– Não sei!

É possível ouvir essa mesma história contada por milhares e milhares de casais. A infidelidade conjugal já causou muito desespero e dor.

Na revista *VEJA*, foi publicado o artigo: – *Casamento – como mantê-lo – como terminá-lo* Em um de seus subtítulos com o nome "Sabonete", lê-se: "Essa incongruência entre os valores dos cônjuges é apontada pelos especialistas como o motivo central que leva à separação. Em torno do núcleo da incongruência gravitam as suas manifestações: infidelidade, dificuldade em estar com o cônjuge, desinteresse no que o outro está fazendo, discussões com altas doses de agressividade, desrespeito pelos sentimentos do parceiro e desavenças por motivos tolos. Se um casamento está em crise, até a escolha de uma marca de sabonete gera discussão entre o casal" (Revista *VEJA* 1004 – Ed. Abril – p. 85).

Recorri a esse artigo porque achei interessante o articulista citar a infidelidade em sua lista de manifestações de incompatibilidade entre o marido e a mulher.

Realmente, a infidelidade é sintoma de um problema mais grave. É sinal de que algo está errado no relacionamento conjugal.

Como conselheiro familiar, confesso que meu coração tem se entristecido diante de tantos casais assolados pela praga da infidelidade e suas consequências desastrosas. O sofrimento causado pela rejeição praticada por um dos cônjuges, as eventuais separações e divórcios que isso traz, tornam insípido o sabor aventureiro de ser infiel.

Para mim, não há nada pior e mais prejudicial num casamento do que a deslealdade, o rompimento da confiança, do respeito.

Quando os votos feitos no dia do casamento são quebrados e quando o oferecimento de si mesmo ao parceiro é dividido com outra pessoa que não a esposa ou o marido, uma grande desilusão se irrompe entre o casal.

É uma mentira dizer-se que a relação sexual pode ser compartilhada com alguém fora do casamento sem acarretar resultados negativos. Ao longo dos séculos, a experiência de toda humanidade demonstra que há sérias consequências no adultério. Entre outras, creio que a confiança e o respeito mútuo são os mais atingidos.

Nos elementos que alicerçam uma união matrimonial, confiança e respeito são de extrema importância. Na ARTE DE PERMANECER CASADO, não há nada como o adultério para miná-los, destruí-los, corroê-los.

CONFIANÇA ABALADA

Meses antes de se casarem, eles começaram um relacionamento sexual. Ela se prevenia e tomavam pílula. Ele era cuidadoso e usava sempre preservativo. Todo cuidado foi tomado, e eles casaram sem que nada sugerisse o que acontecera entre os dois.

Um ano depois, reflexos da atitude e do comportamento que haviam tido anteriormente começaram a ser sentidos.

Ele chegou atrasado para o jantar três ou quatro vezes e ela estava sendo atormentada pela dúvida, desconfiada de que ele pudesse estar com outra mulher, divertindo-se em algum lugar, já que com muita facilidade, fizera isso tantas vezes com ela antes de casar.

Quando ele telefonou para casa durante algumas tardes consecutivas, ninguém atendeu. Ao perguntar à esposa onde estivera, ela lhe pareceu embaraçada, evasiva.

Ele, então, não conseguiu, por mais que se esforçasse, impedir que a desconfiança tomasse conta de seus pensamentos, prejudicando até seu trabalho.

– É bem possível que ela tenha um caso com outro e a esta hora esteja com ele.

Ilusão pensar que, hoje em dia, o adultério feminino tenha índices diminutos. Apesar de ele não ser aceito pela grande maioria da sociedade brasileira, cada vez ele se torna mais crescente. Segundo a opinião da psicóloga Maria do Socorro Moreira, "a infidelidade masculina tende a se estabilizar, enquanto a feminina deve crescer. Os motivos dessa previsão são o acesso ao trabalho e a uma vida mais independente".

Sabendo da desconfiança que o relacionamento sexual antes do casamento produz, recomendo aos casais que me procuram para obter orientação pré-nupcial que não casem de imediato, porque acredito que isso só abalaria a união futura.

Encorajo os casais a, desde o namoro, desenvolverem um controle sobre as intimidades físicas. Particularmente, pelas consultas que concedo em meu escritório e pelo acompanhamento de centenas de casamentos durante anos, concluí que quando o namoro e o noivado se desenrolam em meio à liberdade sexual, o matrimônio, quando se concretiza, apresenta conflitos.

Não faz muito tempo, ouvi o seguinte relato de uma jovem: ela telefonou para meu escritório aflita. Estava prestes a se casar, mas ansiosa e preocupada pelos desentendimentos que vinha tendo com o noivo. Sentia medo de não resolvê-los até o casamento e não entendia como haviam surgido. Perguntei-lhe sobre a vida íntima deles, se já mantinham relações sexuais. Um pouco surpresa, ela quis saber como eu descobrira isso.

Sou da opinião de que o relacionamento sexual prematuro cria confusão sobre os verdadeiros sentimentos de um pelo outro, causa também culpa, além de quebrar a comunicação.

A bem da verdade, quero dizer que muitos ao lerem esse trecho não concordarão comigo.

Quando um rapaz e uma moça iniciam o ato sexual sem ainda estarem casados, dizem, é para provar o amor que sentem. Se o que os leva ao sexo é amor, então, por que se sentiriam culpados?

No entanto, quando os sinais de que algo não vai bem começam a aparecer, os casais racionalizam as causas preferem pôr a culpa nos resultados delas.

– O que provoca esses conflitos é a carreira que está acima do casamento, ou a falta de dinheiro, ou o receio de casar e perder a individualidade e assim por diante.

Mas ninguém confessa alguns tipos de indagações que surgem costumeiramente em suas mentes:

– O que será que ele quer na verdade, meu corpo ou eu mesma como gente, como pessoa, como alguém de valor?

– Será que agora que já a conheço tão bem, não seria melhor esperar e procurar conhecer outras moças para ver se é ela mesmo que eu quero?

– Se pararmos com nossa relação sexual, será que ele(a) ainda terá tantas afinidades comigo e quererá ficar junto de mim sem sexo?

– Ele está chateado comigo porque não correspondi ao que esperava de mim sexualmente.

– Pensei que, com o relacionamento sexual, poderíamos melhorar nossa comunicação, mas por que estamos brigando tanto?

Sexo antes do casamento não garante um bom relacionamento sexual depois de casados; ao contrário, há muitos casos problemáticos nessa área, decorrentes de um envolvimento físico quando o casal ainda namorava.

"Comprometo-me a lhe ser leal até que a morte nos separe." Essa foi a promessa de João no dia do seu casamento e creio que ele era muito sincero. Sua esposa era bonita, agradável e os primeiros anos de união foram cheios de alegrias e felicidade conjugal. Um dia, no escritório, uma colega com quem já trabalhara em diversos planejamentos convidou-o para jantar em seu apartamento, onde aproveitariam para terminar um projeto recém-iniciado. João sabia que, por trás daquele inocente e responsável convite, havia intenções secretas. O terreno onde ele estava pisando era tentador, mas extremamente perigoso, principalmente para a longevidade harmoniosa de seu casamento. Ela era uma mulher solteira, independente, bonita e morava sozinha. Aparentando inocência, ele aceitou. Mas sua "inocência" não teve coragem de enfrentar a esposa, e João resolveu esconder onde, na realidade, trabalharia naquela noite.

Se você o ouvisse contar a história meses mais tarde, pensaria que, verdadeiramente, com toda inocência possível a um ser humano é que ele havia resolvido comparecer ao tal jantar.

Mas seu entusiasmo o traía. O que o levara àquele encontro fora a excitação sexual, o desejo de aventura, do desconhecido, do secreto, do proibido, embora ele negasse firmemente qualquer insinuação de que pretendia "pular a cerca". O relacionamento de infidelidade se desenvolveu secretamente. No entanto, uma surpresa esperava por João. Depois de algum tempo, sua colega disse que não queria continuar o romance por desconfiar da fidelidade dele, pois quem traía a esposa, não teria pudores em trair a amante. Além do mais, estava interessada em outro homem, solteiro, para quem ela não seria a "outra".

O término abrupto arrasou João. Arrependido e envergonhado confessou tudo à esposa, que mesmo muito ferida conseguiu, com o tempo, perdoá-lo. A vida de ambos quase foi destruída por causa de uma "escapadela" leviana. Para muitos, é o começo do fim.

Voltando por um momento ao que aconteceu a Raquel, constatei que ao saber que seu marido era infiel, entre muitos sentimentos confusos e dolorosos, uma enorme desconfiança a invadiu. Por meses e meses, alimentou esse sentimento, Raquel estava frustrada. Sua auto-imagem foi atingida; achava-se feia, sem atrativos, sem charme. Ao mesmo tempo, ressentia-se por aquele homem lhe ser infiel, pois ela sempre, desde o primeiro dia do casamento, nunca o traíra. Agora já não o desejava mais e, quando ele a tocava, sentia repulsa.

Na grande confusão em que mergulhara sua vida emocional, sentia culpa por negar o ato sexual ao esposo. Sabia que isso o afastava ainda mais, quem sabe precipitando-o para outros relacionamentos extraconjugais. Enfim, Raquel era uma mulher deprimida, confusa em meio a uma avalanche de sentimentos contraditórios e penosos.

Quando atendeu ao telefonema daquele homem que havia discado seu número por engano, ela estava totalmente propensa ao adultério, impulsionada por suas necessidades físicas e emocionais. Por isso, as palavras de carinho e a atenção que ele lhe dispensou nas conversas que tiveram foram como sementes caindo em terra fértil, frutificando numa relação ilusoriamente gratificante e realizadora.

Se pudesse, alertaria e encorajaria veementemente as pessoas para que fossem fiéis ao seu cônjuge. Uma vez que a confiança recíproca é abalada, dificilmente será readquirida.

Respeito mútuo

Tenho observado e constatado um fenômeno. Quando há intimidade sexual antes do casamento, a mulher recém-casada sente-se roubada de algo precioso: sua virgindade. Ela fica ressentida com seu marido, às vezes inconscientemente, e não percebe que o agride cada dia mais.

Ele, por sua vez, fica frustrado, sente-se culpado por ter tido tantas intimidades com ela e, agora, não ter mais nada a lhe oferecer. Essa sensação de inutilidade o faz ser passivo no relacionamento.

O que causou essa situação?

A liberdade excessiva que ambos se permitiram tomar é que aniquilou o respeito mútuo.

Nos cursos de orientação pré-nupcial que faço, costumo dizer aos jovens noivos: "Você perderá todo respeito diante do(a) seu(sua) noivo(a) se deixá-lo(a) tomar liberdades na área física".

Isso se explica por meio da infidelidade. Por que é tão difícil, doído, o cônjuge superar e perdoar o adultério do parceiro?

Por várias razões, mas uma das mais fortes é justamente a perda de respeito que também cria outras barreiras enormes.

A psicologia atual diz que o relacionamento conjugal pode ser enriquecido por uma relação fora do casamento, caso o parceiro aprenda novas técnicas amorosas. Considero esse pensamento lamentável, pois não podemos nos sentir inteiramente felizes por apenas satisfazer a necessidade física. Somos criaturas espirituais, emocionais, sociais, intelectuais e físicas e para conhecer satisfação plena precisamos, , numa relação duradoura, sem as pressões do proibido e secreto, desenvolver progressivamente essas dimensões e, assim, desfrutar de, toda confiança, respeito e liberdade.

Capítulo 13 | O papel do marido e da esposa – confusões e mudanças

Creio que um dos fatores que mais têm contribuído para o desmoronamento da família na sociedade brasileira é a atual revolução ocasionada pelas mudanças nos papéis do marido e da mulher nesses últimos dez a quinze anos, causando confusões e desencontros nos relacionamentos conjugais.

O movimento de liberação feminina tem obtido bastante sucesso, alterou a maneira como a mulher no Brasil enfrenta a si mesma no lar e na sociedade. Todos os tradicionais elementos dos conceitos de feminilidade foram modificados no processo de luta pela "independência da mulher". O modo de lidar com o marido, encarar sua carreira profissional, seu trabalho, a criação dos filhos, sua convivência com eles, afinal, houve uma transformação radical na forma das mulheres procederem. Ser dona-de-casa e mãe já não é sinônimo de mulher realizada. Será possível que em pouco mais de uma década o termo "dona-de-casa" tenha se tornado símbolo trágico da exploração e opressão feminina?

Talvez uma das razões do crescimento e força do movimento feminista seja, justamente, a reação contra os insultos e abusos que elas têm sofrido na comunidade. Contudo, chegou-se ao extremo de considerar-se ultrapassada, desvalorizada, pouco ambiciosa e nada inteligente, a "coitadinha" que permanece em casa cuidando do marido e dos filhos, edificando um lar.

Por acaso, ser esposa e mãe, hoje, pode ser considerado uma aspiração, uma carreira? Quem sabe, a resposta a essa pergunta se baseie no bombardeio da mídia: televisão, rádio, literatura, imprensa, o mundo do entretenimento. Ela tem bombardeado e ridicularizado cruelmente os valores chamados cristãos, transformando a maneira de pensar de milhões de brasileiros. Por exemplo, a mídia idealiza e apresenta uma mulher totalmente nova, com capacidades espetaculares. Ela é um ser com poderes mágicos, como no seriado "Heróis". São meninas e mulheres "Superpoderosas"!

Infelizmente, esses estereótipos "enlatados" têm influenciado o posicionamento das brasileiras, criando uma versão nacional da mulher moderna, especialmente quando endossados e enfatizados pelas novelas aqui produzidas.

Dr. James Dobson, um afamado professor de pediatria de uma universidade no sul da Califórnia, fala em seu livro, *O que toda mulher gostaria que seu marido soubesse sobre as mulheres*, sobre essa supermulher moderna: "A imagem da mulher atualmente retratada pelos meios de comunicação é a combinação ridícula da fantasia ingênua e da propaganda futurista. A mulher de hoje é sempre apresentada como deslumbrante, é claro, mas também mais, muito mais. Dispara pelas estradas num carro esporte maravilhoso, enquanto seu companheiro fica sentado ao seu lado roendo as unhas. Transpira autoconfiança por todos os poros e com muita razão: pode destruir qualquer homem com seus golpes de caratê e rápidos chutes nos dentes. Joga tênis, ou futebol, como profissional. É também uma gastrônoma sexual, mas nem morta tomaria parte em uma cerimônia de casamento. Tem grande sorte de permanecer sempre jovem, jamais adoece, nem tampouco comete um erro ou parece tola. Em resumo, ela é praticamente onisciente, exceto por uma estranha incapacidade de desempenhar tarefas tradicionalmente femininas, como cozinhar, costurar ou educar os filhos. Verdadeiramente, a heroína da tela dos dias atuais é um espécime notável, orgulhosa e firme, em atitude de desafio com as mãos nos quadris. Oh, sim! Ela percorreu um grande caminho, não há dúvidas" (*O que toda mulher gostaria que seu marido soubesse sobre as mulheres* – Dr. James Dobson, Editora Vida, p. 140,141).

Qual a minha intenção ao fazer essas colocações?

Para mim, está claro que essas ideias revolucionárias sobre as mulheres, que vêm pouco a pouco rebaixando os conceitos tradicionais em relação elas, não têm atingido apenas suas mentes, mas também a dos homens e, principalmente, a dos filhos, tão impressionáveis e necessitados da orientação que, em seu novo papel, elas nem sempre podem lhes dar.

Arriscando-me a parecer "machista", confesso que acredito que tudo isso acarretará consequências muito negativas e danosas (que já colhemos) para a família do Brasil. Considero-me um defensor da mulher e em minhas palestras ataco o machismo com todas as suas aberrações, mas, ao mesmo tempo, sinto-me alarmado ao ver como elas têm abraçado desenfreadamente uma série de posturas e reivindicações que só conseguem, com o passar dos anos, torná-las pessoas deprimidas, cheias de dúvidas sobre si mesmas e seu próprio valor.

Uma das precursoras da filosofia da emancipação da mulher, Betty Friedan, concedeu um depoimento inesperado à revista *Desfile*, o qual transcrevo aqui:

"RETORNO À FAMÍLIA"

Em 1963, nos Estados Unidos, Betty Friedan dava o primeiro impulso ao arraigado combate das feministas publicando "A mística feminina" que provocou grande barulho. Por intermédio dele, as mulheres descobriram o quanto estavam ligadas a uma imagem de mulheres-objeto, mães e donas-de-casa, para não fazerem concorrência aos homens no mercado de trabalho e, assim, ficarem eternamente dependentes deles, financeira e afetivamente. No seu livro, *A Segunda Etapa*, que irritou as americanas, no qual algumas viram um recuo espetacular de opinião. Para nós de *Desfile*, representou um ato de coragem dessa autora que, embora continue tão feminista quanto antes, foi capaz de fazer autocrítica de algumas posições radicais desse movimento e chamar a atenção para alguns pontos fundamentais, relegados a último plano e até esquecidos, como foi o caso da família. É a própria Betty Friedan quem nos explica sua nova posição:

– *O que, na sua opinião, não anda bem nos movimentos feministas hoje?*

BF – "Corremos um grande risco: o de nos fechar em uma *mística feminina* que negaria uma parte de nossa personalidade, da mesma forma que a *mística feminina* nos alienava. Ouvindo minha filha (Emily Friedan, estudante de medicina) e sua geração, me dei conta de que alguma coisa andava mal. Elas trabalhavam duro pela carreira, tentando evitar armadilhas em que suas mães foram encerradas. Porém, no fundo, percebia uma amargura crescente, um sofrimento e uma acusação não formulada: "Vocês nos impuseram objetivos difíceis de alcançar. E o que fazer de nossas outras aspirações?"

Betty Friedan alega nessa sua nova tese que o feminismo esqueceu-se da família e, embora sem apresentar soluções para o problema, pede que ele seja repensado com os homens, pois a família, para que a mulher não se veja sobrecarregada com a maternidade e o trabalho fora do lar, deve passar por mudanças e não ser mantida no velho estilo em que a mãe era a única responsável pela criação e satisfação das atenções dos filhos.

Aqui um trecho do seu livro:

[...] E já que não precisamos mais dos homens para tomar conta de nós, para definir nossa total existência como no passado – justamente porque não somos dependentes, porque não admitir agora que ainda precisamos e queremos homens para amar, ter filhos, dividir a paternidade, as alegrias, os lazeres, as despesas e as aventuras em novas formas de famílias e lares?

– *Você não disse que a vida de uma dona-de-casa lembrava a das internadas num "campo de concentração confortável?"*

BF – "De acordo, também cometi erros. No entanto, no início, havia certos aspectos sobre os quais era preciso insistir. Já que a mulher era definida em relação à família, era preciso neutralizar isso. Mas daí a adotar uma ideologia separatista e gritar: *abaixo homens!*, vai uma grande distância. Meu livro A *mística feminina* não exprimiu suficientemente as satisfações que nos dão o lar e a maternidade."

Mulheres que são esposas e mães vêm passando por uma crise de identidade – Afinal, quem sou eu? – ou talvez a questão que mais atormenta essa nova mulher, seja: o que devo ser?

Há o perigo real de derrubar por terra todos os velhos e tradicionais conceitos sem ter a menor noção de um mais eficaz, gratificante e realizador para substituí-lo. Por isso, ninguém sabe para onde ir.

Foi por isso que, com muita sensatez e critério, Deus criou de forma dicotomizada os papéis do homem e da mulher, distintos entre si para combinar perfeitamente com a natureza e o caráter de cada um. Esse Seu plano foi transmitido a todos por intermédio das Escrituras Sagradas, entretanto, desventuradamente, não temos dado a devida atenção e valor àquilo que o Criador falou. Em toda essa complexa situação, quem mais sofre são as mulheres que não querem seguir carreira, que não querem e não precisam trabalhar fora, mas só almejam ser esposas e mães.

Toda essa confusa revolução não se tem feito sentir apenas entre as mulheres. Surpreendentemente, o homem também está perplexo no que concerne a seu próprio papel. Ele está inseguro sobre si mesmo e sua postura como marido e pai, além de, dia a dia, demonstrar um crescente descontentamento.

O homem está em crise, e não me refiro somente à crise da meia-idade, que também pode estar envolvida no processo. Em meio às pressões do movimento que luta pela liberação feminina e do constrangimento imposto e arraigado na cultura latina que diz que homem que é homem "não chora" (é durão e machista), ele não sabe quem é, o que quer e o que a mulher quer que ele seja. É a crise de identidade!

Ele se pergunta se o melhor mesmo é fincar a mente e as atitudes nas estacas do machismo, mas de outro lado teme parecer dócil demais, muito sensível, um pouco "estranho".

Na concepção popular que data desde a antiguidade, ele tem o papel de protetor da sua família e deve providenciar o sustento dela. Todavia, no cotidiano atual, várias vezes ele se vê intimidado por uma esposa que tem um salário bem superior ao seu e consegue, com muito maior tranquilidade que ele, providenciar as necessidades materiais do seu lar.

Observei que muitos homens não querem que suas mulheres tenham emprego, porque isso poderia representar uma ameaça à sua capacidade de prover o sustento da família, atingindo, assim, sua auto-imagem.

Com o aumento constante do desprezo feminino por ideologias como obediência e submissão ao marido, ele questiona:

— Será que devo tomar a liderança, usar de autoridade, ou não?

— E se eu resolver realmente liderar nossa casa, como isso poderia ser feito de modo criterioso diante das atuais mudanças radicais?

— Se ele está casado com alguém que aceitou e assumiu todas as reclamações do movimento feminista, com que tipo de tratamento deve distingui-la?

— De igual para igual ou como um cavalheiro?

— Deve abrir a porta do carro para ela?

— Puxar a cadeira, num gesto gentil, para ela sentar?

— Ser ou não ser romântico?

Acompanho com interesse e atenção o movimento feminista nos Estados Unidos, que penso estar em curso já há dez ou doze anos antes do Brasil, observei que algo tem acontecido. A mulher, com todo empenho, batalhou firme e impetuosamente para equiparar-se ao homem.

Em muitos lugares, ela ganha o mesmo ou mais que ele, exerce funções semelhantes ou mais elevadas, tem conseguido projeção e destaque em inúmeras áreas. Mas o resultado nem sempre tem se mostrado compensador.

Ao tentar alcançar realização pessoal por meio de esferas antes dominadas pelo sexo masculino e, assim, provar sua capacitação e habilidade, ela pensou poder atingir o ápice da felicidade duradoura. Engano!

Como já disse, não se obtem uma vida feliz com apenas um alvo pessoal realizado. Hoje, a mulher americana paga um alto preço por sua "emancipação".

– Já que ela ganha tanto quanto o homem, esse não precisa mais pagar pensão em caso de divórcio, medida aceita e adotada em alguns Estados do país.

– Ela já não é encarada como alguém que deva ser tratada cavalheirescamente pelo homem porque, afinal, é igual a ele.

Enquanto tem avançado para conseguir estabelecer e receber muitos dos seus direitos, ela perdeu outros tantos.

Chego à conclusão que, de alguma maneira, a técnica empregada nessa batalha não tem sido bem direcionada ou esquematizada. Há algo errado.

Para atingir alguns objetivos, postos ela tem em jogo suas necessidades emocionais, sua própria natureza de mulher, que é deslocada e subjugada em prol de uma realização que, às vezes, nem ela sabe bem qual é e para que é.

Isso é provado pela forte reação que milhões de mulheres norte-americanas têm mantido contra o movimento de liberação feminina. A essa altura, no entanto, muitas famílias já foram destruídas.

Entendo que em toda problemática que expus, há implicações culturais, sociais e emocionais muito diversificadas da sociedade brasileira, mas sinto medo que tudo venha a se repetir no Brasil, causando também danos irreparáveis.

Não acho que tudo no pensamento tradicional sobre a posição da mulher esteja correto e ponto final. Também não julgo que tudo no movimento pela emancipação da mulher esteja errado.

Essa confusão total na identidade dos papéis dos sexos não é o resultado positivo de uma evolução social, mas sim, a consequência de um posicionamento deliberado e proposital de pessoas que decidiram preferir rejeitar totalmente tudo o que se refere às tradicionais posições sobre masculinidade e feminilidade e provocar uma reviravolta nos núcleos familiares, sem sequer meditar nos efeitos que isso traria, ou, então, em um alvo definido e adequado para as suas pretensões.

E AS CONSEQUÊNCIAS?

O que isso significa para nós? O que tudo isso tem que ver com a ARTE DE PERMANECER CASADO? Será que essa revolução afetará nossa nação, nossa família, nossos relacionamentos?

A resposta a essas perguntas é: *"Não sabemos!"*.

Os próprios líderes que lançaram suas propostas para o movimento não sabem o que acontecerá com a vida sexual do homem e da mulher depois da "liberação".

Isso não é confortador, considerando-se que o sexo, em todas as suas dimensões, é uma força motriz da vida humana. O que todas essas discussões e comportamentos ocasionarão, até certo ponto serão fatores determinantes para o futuro dos relacionamentos conjugais e, talvez, até para o futuro da família.

É meu parecer que ao tentarmos modificar as bases familiares, que tenho procurado estabelecer neste livro, a estabilidade da sociedade seja fortemente ameaçada e abalada. Também acredito que essa é a razão por que Deus impõe certos limites para o comportamento sexual e distingue visivelmente macho e fêmea.

George Gilder, em seu importantíssimo e relevante livro *Suicida Sexual* (*Sexual suicide* – Quadrangle/The New York Times Book Company – Nova York – NY; 1973), descreve o papel do homem e da mulher. De modo muito interessante, ele discorre sobre a mulher que não encontra um parceiro para casar ou, simplesmente, escolhe não assumir tal compromisso. Ela é ridicularizada, motivo de galhofas e de adjetivos de mau gosto, como: "vovozinha" – "titia" – "solteirona".

Essas expressões desagradáveis e pejorativas transmitem que as pessoas solteiras são seres deslocados, desintegrados, estranhos à sociedade. Gilder discorda. Ele diz que o homem solteiro é quem se torna deslocado. Ele explica em seu livro e prova percentualmente, que na sociedade americana muitos se tornaram assaltantes, assassinos, pervertidos por não terem um elo sólido que os faça se sentir indispensáveis.

O autor, assim, demonstra que o homem solteiro pode ser uma ameaça e que suas tendências agressivas podem vir a ser potencialmente destrutivas.

Em contraste, ele continua a explicar, a mulher é mais motivada a querer fixar uma segurança pessoal de longo prazo. O instinto maternal influencia seu desejo de uma vida mais estável, a favor do lar, do marido e dos filhos.

É simples compreender o plano que Deus idealizou para os seres humanos: homem e mulher se apaixonam. Casam-se. Ele se compromete a amá-la, protegê-la, cuidar dela e sustentá-la emocional e fisicamente. Isso sim, torna-se a base da família e o alicerce da sociedade.

Antes de utilizar suas forças e energia para buscar realização pessoal, ele trabalha para construir uma casa, proteger a família, planejar o futuro. Seus desejos egoístas e impulsos sexuais são canalizados positivamente. Ele nutre um salutar orgulho masculino de ser chefe de sua família e ser zeloso de sua esposa e filhos.

Contudo, quando o homem não possui nenhuma razão para direcionar seus esforços na edificação de sua família, de um lar, do futuro, todo seu ânimo e diligência podem ser dedicados às farras, bebidas alcoólicas, drogas, aventuras e orgias sexuais e toda espécie de comportamento agressivo e nocivo.

De modo algum estou afirmando que todo homem deva casar-se com a finalidade de controlar e dominar seus impulsos ou desejos. O que quero dizer é que não importa o fato de ele ser solteiro ou casado, mas sim, a conscientização de seu lugar e papel de homem na comunidade. Se ele não tiver essa noção contribuirá, com certeza, com uma parcela para a queda e a desintegração daquela sociedade.

Não posso deixar de citar o homossexualismo crescente no Brasil, que já atingiu porcentagens alarmantes. Atribuo a confusão reinante pela inversão dos papéis da mulher e do homem como um dos mais fortes motivos para que isso aconteça.

O menino que vê sua mãe dominar e humilhar implacavelmente seu pai e fazer o mesmo com ele, tende a recuar diante daquela figura invencível, assumindo características femininas. Ou ele cresce rodeado de mulheres, por força das circunstâncias ou não. Só vê e convive com a mamãe, a vovó, a titia acaba por apagar de sua mente a figura masculina.

A menina assiste diariamente seu pai maltratar, subjugar, espancar sua mãe. Dentro dela cresce a revolta por aquele homem desumano, e ela chega à maturidade tentando desenvolver atitudes que a façam tão dura e forte quanto ele para poder enfrentá-lo.

É possível esperar outras distorções, cada vez mais chocantes, enquanto insistirmos em ignorar que existem diferenças entre os sexos, desrespeitando inteiramente o plano inicial de Deus, que, obviamente, deve tornar a receber por parte da humanidade toda atenção, estudo e prática na tentativa de readquirir-se o equilíbrio social, tão abalado por filosofias, modismos e concepções que já têm dado provas irrefutáveis de sua ineficácia.

Com isso não pretendo determinar normas, como:
- Todos devem casar
- Mulheres não devem trabalhar fora de casa
- Mulheres não devem desejar seguir uma carreira profissional

Seria tolo se não reconhecesse que a crise econômica do país, por causa da situação financeira adversa, impele a esposa a trabalhar fora para ajudar o orçamento da família. Mas o que quero salientar, outra vez, é que aquelas que não desejam seguir carreira e tão-somente almejam ser esposas e mães necessitam ser honradas e apoiadas nessa árdua e divina tarefa.

É preciso ficar patente a distinção entre os sexos por intermédio do estilo das roupas, dos costumes e das funções. Os filhos merecem ser valorizados como pessoas – a maior dádiva de Deus para os pais. Devem saber que apesar de ser tão propagada a moda do "unissex", a menina é bem diferente do menino, moças são moças, e rapazes são rapazes.

É prioritário nos conscientizarmos de quem somos, termos uma compreensão de nossa identidade sexual.

Na ARTE DE PERMANECER CASADO, não podemos permitir que a força devastadora da revolução dos sexos mude conceitos de valor absoluto e básico, criando prejuízos indeléveis no relacionamento conjugal.

Capítulo 14 | Os filhos do divórcio

Cíntia é uma mocinha de 13 anos de idade. Ela é franzina, bem miudinha mesmo, mas o que lhe falta em desenvolvimento é compensado em alegria. Sempre extrovertida, participa de todas as brincadeiras dos colegas, até quando algumas gozações são voltadas a ela.

Um dia, porém, ela chegou à escola diferente. Parecia um pouco transtornada, e quando os amigos procuraram se aproximar, ela gritou: "Vão embora! Odeio vocês!"

Cíntia começou a faltar à aula, perdeu o interesse em seus estudos, apesar de sempre ter sido uma das melhores de sua classe.

Cada dia, ela se isolava mais da turma, e quando alguém lhe perguntou:

– Cíntia, o que está acontecendo? Algo está entristecendo você?

– Nada! Quero ficar sozinha! Estou cansada de tudo e de todos.

Davi cursava o último ano do 2º. grau, preparando-se para o vestibular. Ele sonhava em ser engenheiro. Embora não fosse do tipo galã e, bem escondido no fundo do coração tivesse problemas com sua auto-imagem, Davi sempre foi muito popular e paquerado pelas garotas.

Em uma manhã, todos se mostravam um tanto tensos, pois teriam prova da matéria mais difícil. Davi, entretanto, parecia distante, distraído, acabrunhado, com o pensamento muito longe do burburinho nervoso da classe que aguardava o professor.

Enquanto todos se concentravam na solução dos exercícios que tinham diante de si, ele ignorava a folha em sua carteira, desatento, girando a caneta no ar nervosamente.

O professor chegou até ele:

– O que há, rapaz? Você está muito estranho hoje. Aconteceu algo?

Sem dizer palavra, Davi levantou, desapareceu pela porta e não voltou mais. Meses depois, seus colegas souberam de sua prisão por posse de drogas e conduta desordenada.

O que esses dois jovens têm em comum? Pelo título do capítulo você pode facilmente chegar à resposta. Cíntia e Davi são filhos atingidos pelo divórcio de seus pais.

Você pode achar difícil aceitar isso, mas o fato é que, para a maioria das crianças, dos adolescentes e jovens, a separação e o divórcio dos pais deixam marcas profundas e, às vezes, desastrosas.

É verdade que para alguns não é assim, mas em grande parte, numa família que experimenta a dor da separação dos pais, os filhos sofrem traumas de repercussão imediata e até futura, em seus próprios casamentos.

Alguns psicólogos afirmam que o choque causado pelo divórcio é preterido apenas pelo choque da morte de um ente querido.

Torna-se insuportável para um filho perder seus pais por causa da divisão do lar e, de repente, sentir-se totalmente vulnerável às circunstâncias que estão fora do seu controle.

Vários fatores colaboram para que esse prejuízo se faça sentir na vida dos filhos:

- A estrutura familiar entra em colapso, e a criança, adolescente ou jovem sente-se só, com medo. Esse sentimento de solidão pode vir a ser tão marcante que será lembrado durante muito tempo.
- Diante do divórcio do casal, os filhos ficam em dúvida em relação a quem ser leais. Sentem-se divididos pelo amor e fidelidade que nutrem pelos pais.
- De súbito, o futuro torna-se incerto, e isso pode causar um terrível sentimento de ansiedade.
- O casal que está enfrentando um divórcio não consegue desdobrar-se nem dedicar-se, como bons pais, aos filhos. Preocupados com o problema que estão passando e com a sua sobrevivência pessoal, não encontram forças para ampliar a sua visão aos que os rodeiam.
- Os filhos começam a preocupar-se excessivamente com o que acontecerá aos seus progenitores.

Lembro-me que quando meus pais estavam se divorciando, fiquei muito preocupado sobre o que aconteceria a minha mãe, agora que meu pai a deixava.

– A criança não entende a raiva e o ressentimento que os pais demonstram um pelo outro. Amedrontada, ela não consegue apreender por que tudo aquilo veio atrapalhar justamente a sua vida.

– Quando o cônjuge que ganha a guarda dos filhos muda para outra cidade ou bairro, eles perdem suas raízes, que representavam sua segurança: os amigos, a casa onde viviam, a escola, etc. Em alguns casos, os filhos chegam a cair em depressão.

– Para alguns, o estigma de vir de um lar de divorciados os envergonha e arrasa, tornando-os pouco sociáveis e arredios.

– Finais de semana, férias, Natal, Ano Novo, Páscoa, aniversários. Essas são épocas conflitantes, pois, às vezes, apesar de pequeninos, eles têm de decidir com quem passarão essas datas.

– Talvez o maior problema dos filhos esteja em ter de enfrentar, envolver-se e conviver com uma nova família, não raro acrescida de muitas pessoas se aquele a quem seu pai ou sua mãe se unir também já tiver sido casado.

– Em certos casos, o divorciado tenta precipitadamente um novo casamento, sem pensar calma e corretamente sobre o assunto. Mais tarde, não sabe o que fazer diante dos problemas que os filhos dão e, quem sabe, com o malogro da união.

Uma questão sempre levantada é esta: "Será que o divórcio pode ser um alívio para os filhos?"

Aparentemente, não.

Conforme várias pesquisas realizadas entre filhos de pais divorciados, nem 10% testemunharam terem ficado aliviados com a separação. Mesmo aqueles que achavam ser o divórcio a única solução para os progenitores confessam ter encarado muitas dificuldades para se ajustar à nova situação.

A maioria dos filhos que procede de lares turbulentos faria qualquer coisa para unir novamente seus pais.

Ouvi de um garoto de 12 anos que rezou para morrer, porque, assim, seus pais se sentiriam culpados e voltariam um para o outro. Esse tipo de depoimento nos dá alguma luz a respeito da decisão de permanecer casado ou não.

Sinto dizer que já trabalhei em circunstâncias em que havia muita briga, conflito, abusos físicos e emocionais entre o casal e em que o mais viável era a separação. Mesmo assim, minha experiência como conselheiro familiar demonstra que para casais que atravessam crises financeiras, emocionais, de divergências de ideias e de opiniões, etc. sempre pode haver um retorno, embora difícil de ser conseguido.

Meu caro leitor, se você estuda a possibilidade de se divorciar e tem filhos, considere cuidadosamente o que isso acarretará à vida deles. Sua cultura poderá seduzi-lo a aceitar a ideia de que seu casamento deve ser analisado a partir de sua realização pessoal, da satisfação de suas necessidades, que também podem ser fantasias alimentadas e apresentadas por essa mesma sociedade. Receio que não possa ser assim, ainda mais quando as consequências não atingem somente aquele que procura sua realização, mas, infeliz e principalmente, os filhos.

Sei que as necessidades de cada um são relevantes e devem ser atenciosamente consideradas, mas, ao longo dos anos, tenho observado os filhos do divórcio e o que seus pais causam de danos a eles, às vezes, egoisticamente. Digo isso com conhecimento e autoridade, afinal eu também sou um filho do divórcio.

Na ARTE DE PERMANECER CASADO, temos de lidar seriamente com essa questão.

Capítulo 15 | A força motivadora para permanecer casado

Winston Churchill disse certa vez: "Escrever um livro é uma aventura. No princípio é um divertimento, um brinquedo. Torna-se depois, a amante; em seguida o patrão, e depois, um tirano. Na última fase, quando já prestes a aceitar a escravidão, mata-se o monstro e ele é distribuído para o público".

Na preparação deste livro, creio que passei por todas essas fases. Ele exigiu muito de mim e confesso, não via a hora de entregar "meu tirano" aos meus leitores. Contudo, há ainda algo que desejo escrever. Em certo sentido é a mensagem mais importante de todo o livro porque, sem ela, se tornará praticamente impossível vivenciar todas as outras ideias que ele contém.

Refiro-me à realidade de que para conseguir ser esposas e maridos, com as atribuições e os posicionamentos como os que apresentei até aqui, é preciso que busquemos uma sabedoria e disposição que excede, em muito, a nós mesmos.

Casamento, o relacionamento humano mais íntimo que há sobre a terra, pode, em seu exemplo, nos ensinar muito sobre nossa relação pessoal com Deus. Existem paralelos maravilhosos entre o andar de um homem e uma mulher em sua vida conjugal e o andar de uma pessoa com Deus.

Destaco aqui alguns deles:

1 – Senso de necessidade

No início de toda criação, Deus disse: "Não é bom que o homem esteja só" (Gn 2.18).

Quando Deus fez essa declaração, o homem desenvolvia com Ele um relacionamento vertical, contudo, havia um espaço vazio em sua vida, pois faltava um relacionamento horizontal, o qual lhe foi proporcionado, logo em seguida, com a criação da mulher.

Mais tarde, ao transgredir em suas intenções ao relacionar-se com o Criador, o homem quebrou sua comunicação vertical. Em consequência disso, também seu relacionamento horizontal desestabilizou-se.

Deus instituiu o casamento para resolver o primeiro problema existencial do homem e da mulher: a solidão.

Ambos foram criados com necessidades espirituais, emocionais, sociais e físicas e precisavam partilhar suas vidas, suprindo mutuamente essas necessidades, como já abordei no capítulo 6.

Se fôssemos absolutamente honestos, reconheceríamos que intimamente, no âmago do nosso interior, desejamos ardentemente conhecer melhor e ter uma amizade sincera e sólida com o nosso Criador.

Muitas pessoas buscam preencher suas vidas levando a bom termo alvos e realizações pessoais, entregando-se a prazeres ou aumentando cada vez mais o círculo de amigos em volta de si. Entretanto, seja qual for o substituto providenciado, permanecerá um vazio no coração que só será ocupado quando um relacionamento sério com Deus for iniciado e desenvolvido.

A solidão horizontal é muito forte e compele homem e mulher a encontrarem alguém com quem possam partilhar sua existência. Mas muito mais forte é a busca por preencher o vazio interior, que o filósofo francês Pascal descreveu assim: *Há um vazio no coração do homem do tamanho de Deus, e somente Deus pode preenchê-lo.*

Homem e mulher continuarão a se encontrar, casar, solucionar, assim, o problema de solidão que sentiam em sua relação horizontal. No entanto, mais cedo ou mais tarde, ele ou ela percebem que ainda falta algo.

Há os que tentam encher o vazio vertical que enfrentam estabelecendo um código de ética pessoal, sendo "boas pessoas" e, no que diz respeito ao casamento, sendo extremamente zelosos. Outros adotam uma filosofia exótica, impõe uma disciplina rígida ou decidem-se pela meditação transcendental. E ainda existem os que se fanatizam por meio das religiões. Seja qual for o método utilizado, seu efeito é decepcionante, porque há um só caminho a trilhar na procura por preencher o citado vazio.

Religiões, éticas e filosofias conseguem ocupar a mente e o dia-a-dia do ser humano, mas nunca providenciam para ele aquilo de que realmente carece: um relacionamento.

Deus, em Cristo, atendeu a essa necessidade ao abolir a barreira construída pelo homem quando quebrou seu relacionamento vertical com Ele. Jesus veio a este mundo, identificando-se com cada pessoa em particular e, assim, tocar suas vidas.

É como alguém solteiro ao casar. Ele(a) supre a necessidade de outrem e, assim, toca a vida de seu cônjuge. Também Jesus, no momento de uma grande necessidade espiritual, pode tocar a vida de uma pessoa.

Lembro-me ainda de minha vida de solteiro. Muitas vezes pensei: *Será que conseguirei amar profundamente uma mulher pelo resto da minha vida?*

Namorei diversas garotas, sempre imaginando: *Quem sabe seja esta a moça que se tornará minha esposa?* – e acabava desapontado, até que, com 24 anos, já meio desesperançoso, comecei a temer: *Será que encontrarei alguém que suprirá minhas necessidades e com quem eu possa partilhar minha vida?*

A História está repleta de pessoas que se sentiram como eu, mas também, testifica de muitos que já enfrentaram "sua busca vertical", sua procura de Deus.

Ao amarmos realmente alguém, devemos concordar e ter prazer em cumprir todos os deveres e exigência que esse amor encerra. Ao compreendermos nossa carência de uma relação vertical que nos aproxime mais Daquele que nos criou, entendemos com maior facilidade o modo que essa amizade poderá nos auxiliar nesse processo, tornando-nos mais capacitados a amar de forma correta e plena nossa esposa ou esposo.

2 – Pronto para fazer um compromisso

Outro paralelo entre o casamento (comunicação horizontal) e o relacionamento com Deus (comunicação vertical) é o compromisso.

Eram, aproximadamente, 20 horas do dia 25 de setembro de 1965 quando eu segurei as mãos de Judith, fixei meu olhar em seu olhar e diante de nossos parentes e amigos, comprometi-me a viver com ela, em matrimônio, até que a morte nos separe.

Mesmo considerando-me suficientemente maduro, em meus 25 anos, para dar esse passo, jamais compreendi todas as implicações das promessas que fiz naquele dia. Somente agora, depois de 42 anos de casado, é que começo a entender o significados daqueles votos.

O dia em que casei foi simplesmente o dia em que atravessei os umbrais da porta de um vasto mundo de possibilidades a serem vividas por intermédio de um relacionamento bonito e profundo. Entreguei toda minha vida nas mãos daquela moça nascida e criada em Bremerton, cidade marítima do Estado de Washington, filha de um engenheiro naval. O mais intrigante é que nos conhecíamos havia mais ou menos um ano, mas mesmo assim, no dia do nosso casamento, entreguei-me a ela sem reservas, sem condições, e ela fez o mesmo comigo.

Sua experiência de encontrar Deus, por intermédio de Seu filho Jesus, e pôr um fim em sua busca por uma relação vertical, é semelhante ao momento em que, ao casar, você, deliberadamente aceita fazer os votos ali exigidos.

Receber – crer – aceitar – são palavras diferentes que definem uma mesma realidade.

Na verdade, é uma decisão pessoal de abandonar um comportamento inerentemente rebelde, o qual todos nós possuímos graças a nossa natureza voltada contra a autoridade de Deus, e aceitar, receber, crer e entregar o nosso destino em Suas mãos.

No capítulo 1, quando contei a dramática história de minha família, prometi que no último capítulo diria a você, leitor, o que aconteceu comigo e como pude superar muitas tristezas de minha infância e adolescência.

Tudo ocorreu num acampamento para jovens que ficava perto de um lindo lago na região norte da Califórnia. Alguns amigos haviam me convidado para passar uns dias tranquilos em um lugar aprazível; jamais pensei que seriam dias inesquecíveis e importantíssimos, pois foi ali que terminou minha procura para ocupar o vazio vertical que eu trazia em meu coração.

Nada místico aconteceu. Não foi uma religião que me tocou. O preletor falava de Jesus, Filho de Deus, que veio buscar e salvar transgressores perdidos e necessitados.

Bem, eu conhecia Jesus, pelo menos estudara sobre a Sua figura histórica enquanto cursava o 2º. grau, porém, o palestrante falava Dele como de alguém próximo, interessado e participante. Dizia ele que todos são pecadores, isto é, de alguma maneira todos alimentam uma rebelião contra Deus e que, por isso, Ele enviara Seu Filho para morrer na cruz, há quase dois mil anos, para salvar pessoalmente cada um desses rebeldes, mesmo eu.

Honestamente, eu sabia que era um desses rebeldes. Também sentia o já descrito vazio e procurava preenchê-lo de todas as formas: por meio da religião; tentando inutilmente, ser melhor; por meio das farras, garotas, dinheiro e o que ele podia comprar; procurando obter fama, etc. Mas foi tudo em vão!

Recebi um convite para tomar uma decisão não emocional, mas consciente, no sentido de abdicar de um estilo de vida de rebelião contumaz e aceitar novo modo de viver oferecido por Jesus Cristo.

Rendi-me a Jesus num ato de fé. Como no casamento, comprometi-me a viver com Judith também num ato de fé.

Decidi seguí-Lo, seguir Seu caminho, Sua verdade, Sua vida.

Como em nossa cerimônia matrimonial, nada foi complicado, ao contrário. Fiz uma prece, conversei com Deus, afirmei que era pecador, que estava afastado Dele e que ansiava por um relacionamento muito íntimo com Ele. Que aceitava Seu Filho como Salvador, rendendo-me a Ele, crendo nEle e recebendo, assim, o perdão e o privilégio de viver um relacionamento com Deus.

Ali começou esta nova amizade vertical que, desde essa época, tem se aprofundado muitíssimo, como também minha relação com Judith tem se desenvolvido, e nosso amor florescido mais e mais.

3 – A LUA-DE-MEL

Jamais esquecerei aquele período de intensa euforia emocional. À saída da igreja, uma alegre chuva de arroz caiu sobre nós, ouvimos o barulho ruidoso das buzinas, as latas amarradas ao nosso carro se arrastando pelo chão anunciando ao mundo nossa intenção de viver juntos para sempre.

A lua-de-mel é maravilhosa, romântica, inesquecível! Contudo, ela não corresponde à realidade do dia-a-dia.

O cotidiano é repleto de contas a pagar, de torneiras a serem consertadas, de horários a serem cumpridos, de trânsito infernal a aguentar, de sogros com quem tratar, de crianças que pedem atenção e carinho, enfim, a rotina.

A vida com Cristo, vida vertical, também é, mais ou menos, assim. A alegria, a paz, toda novidade, o coração preenchido e tudo o mais deixam a pessoa deslumbrada.

Essa lua-de-mel pode durar um mês, um ano, mas a tendência é perder-se um pouco a euforia nesse novo relacionamento com Deus, como o casal perde seus sentimentos eufóricos das primeiras semanas.

O cristão, em sua vida com Deus, também tem suas "torneiras vazando água", "contas a pagar", etc. Como no casamento, em que, pela fé, ele(a) deve viver diariamente unido a seu cônjuge e comprometido com ele(a), aprendendo a amar e a conviver nesse relacionamento de forma cada vez mais íntima, assim também ele deve aprender a proceder com Deus, sabendo que haverá momentos difíceis.

4 – Conflito

Todo casamento passa por conflitos. Já constatamos isso no capítulo 7.

Judith e eu temos tido diversos conflitos, mas conseguimos solucionar outros tantos. No entanto, não é porque enfrentamos discordâncias, porque divergimos em algumas opiniões que procuramos logo uma separação. Há um sério compromisso entre nós. Quando brigamos, e isso certamente tem ocorrido ao longo desses 42 anos, podemos agir como se fôssemos solteiros: tento fazer valer a minha vontade, meu ponto de vista, minha individualidade e, infelizmente, penso egoisticamente apenas em mim, sem considerar os sentimentos e ideias dela. Minha energia é empregada em vindicar minha posição, defendendo-me e atacando. Na minha tentativa de auto-afirmação reajo cegamente e esqueço-me de que sou casado, penso só em mim, como se fosse solteiro.

E fazemos o mesmo em nossa relação com Deus. Ainda transgredimos, ainda temos a tendência ao egoísmo, à infidelidade, à revolta.

Mas o que acontece nessas horas?

Ele nos abandona, magoado?

De jeito algum.

Apesar dos conflitos causados por nossas atitudes que acabam prejudicando nossa comunicação com Deus, Ele não se afasta de nós, mas permanece fiel. Não se empenha em separar-se de nós, antes procura auxiliar-nos e trazer-nos novamente para perto de Si.

Como devemos agir no nosso relacionamento com Deus e no nosso relacionamento matrimonial? Como já foi dito no capítulo 11, devemos manter as linhas de comunicação abertas, dispostos a, quando preciso, assumir e confessar o nosso erro.

Você se lembra das três frases que podem salvar uma relação?

– Eu estou errado(a).

– Por favor, me perdoe!

– Eu amo você!

Deus responde a nossa oração quando, humildemente, pedimos perdão e confessamos nosso erro. Perdoando-nos, Ele restaura a nossa amizade e o nosso relacionamento.

Quantas vezes temos feito isso em nossa vida conjugal? Entretanto, isso é absolutamente essencial a nossa saúde e vital no desenvolvimento da intimidade matrimonial.

5 – Intimidade

Há coisas que consigo partilhar apenas com minha esposa e com mais ninguém. Isso não se prende somente à área física, mas também relaciona-se a uma profunda amizade que desenvolvemos um pelo outro.

Temos aproveitado momentos preciosos, quando olhamos para trás e lembramos das experiências inesquecíveis do passado e quando olhamos para o futuro, planejando o que faremos, sonhando com o que está por vir. Compartilhar o dia-a-dia é indispensável, mas não só os acontecimentos desse dia, porém, todas as opiniões, os julgamentos e os sentimentos que ele trouxe à baila.

Deus não nos quer distantes de Si. Ele é alguém presente, quer participar de nossos instantes de dor e alegria, decepção e felicidade, derrota e vitória.

É Ele quem nos fornece capacidade e poder para:
– perdoar quando meu cônjuge me é infiel;
– desejar suprir as necessidades do meu(minha) companheiro(a), apesar do meu egoísmo;
– tentar resolver os conflitos que surgirem, não dando lugar a minha própria vontade;
– honrar os compromissos assumidos no dia do casamento;
– manter uma comunicação clara e precisa com meu esposo ou esposa, não importando as dificuldades;
– fazer do meu cônjuge meu melhor amigo(a).

A força motivadora de Deus para permanecermos casados

E aí? Como pôr em prática tudo que foi dito até agora? Há possibilidade de aplicar essas verdades sem uma capacitação que venha diretamente de Deus?

A Palavra de Deus afirma que quando aceitamos Cristo como Salvador pessoal e Senhor de nossas vidas, o Espírito

Santo passa a habitar na pessoa que acolheu Jesus em sua vida, capacitando-a a viver do modo que acabei de descrever.

Francamente, tornar-se um marido ou mulher como enfoco neste livro é totalmente impossível se depender do esforço pessoal de cada um. É por isso que deve haver uma força que impulsiona o ser humano a agir corretamente, sobrepujando suas próprias tentativas, às vezes, insuficientes.

Talvez você pergunte:

– Jaime, como fazer isso? Ainda não compreendi bem toda essa questão de acertar meu relacionamento vertical.

Pois bem, quero apresentar aqui quatro verdades que o(a) ajudarão a habilitar-se a ter uma vida estável em seu lar.

Verdade nº. 1
Uma vida realizada e feliz começa com Deus.

Ele oferece uma vida com propósito, amor, paz, segurança e, além disso, eterna. Veja o que Jesus diz:

João 3.16 – "Pois Deus amou tanto o mundo que entregou o seu Filho único, para que todo o que nele crer não pereça, mas tenha a vida eterna."

João 10.10 – "A intenção do ladrão é roubar, matar e destruir. Minha intenção é dar vida eterna – vida completa."

Verdade nº. 2
O homem é pecador, e seu pecado o separa de Deus.

Conforme a Palavra de Deus, pecado é não ser o que Deus quer que nós sejamos e não fazer o que Deus quer que façamos. Obviamente, todos cometemos pecado, consciente ou inconscientemente. Veja as seguintes passagens bíblicas:

Romanos 3.23 – "Sim, todos pecaram; todos fracassaram, e não puderam alcançar o glorioso ideal de Deus."

Isaías 59.1,2 – "Prestem atenção! O Senhor não está fraco demais para salvar! Ele não é surdo; pode ouvir muito bem o que vocês lhe pedem. O problema são os seus pecados; por causa deles, vocês estão separados de Deus. Por causa dos seus pecados, Deus virou o seu rosto de vocês, e não ouve mais o que vocês pedem."

Verdade nº. 3
Deus nos ama e deu Seu Filho Jesus para que pudéssemos conhecer Seu amor e Seu plano.

Romanos 5.8 – "Deus, no entanto, mostrou Seu grande amor por nós, enviando Cristo para morrer por nós enquanto ainda éramos pecadores."

1Pedro 3.18 – "Cristo também sofreu. Ele morreu uma vez pelos pecados de todos nós, pecadores culpados, embora Ele mesmo estivesse inocente de qualquer pecado em qualquer tempo, para que pudesse levar-nos em segurança de volta a Deus. Mas, embora o Seu corpo tivesse morrido, o Seu espírito continuou vivendo."

Deus, em Cristo Jesus, nos perdoa e oferece vida eterna e realização completa.

Verdade nº. 4
Você precisa entregar sua vida a Cristo

Esse é o fato mais importante. É provável que você conheça as três primeiras verdades, mas nunca as experimentou em sua vida. Olhe o que a Bíblia nos diz:

João 14.6 – "Jesus disse: Eu sou o Caminho, a Verdade e a Vida. Ninguém pode chegar até o Pai, a não ser por Mim."

Romanos 5.1 – "Portanto, agora, desde que fomos declarados justos à vista de Deus, pela fé em Suas promessas, podemos ter na realidade paz com Ele por causa do que Jesus Cristo, Nosso Senhor, fez por nós."

Para experimentar essa vida abundante, você precisa arrepender-se dos seus pecados e pôr sua fé em Cristo. Mas como fazer isso? Deixe-me explicar! Exercemos fé quando visitamos um médico, quando pomos nossa confiança num advogado, quando cremos num amigo, ou quando ligamos o interruptor de luz. Fé no Senhor Jesus Cristo é, pois, confiar que Ele perdoa os seus pecados e o leva a ter um relacionamento com Deus. Isso você faz por intermédio da prece.

Se você quiser entregar a sua vida a Jesus, faça com sinceridade uma oração semelhante a que segue:

"Querido Pai, confesso que sou um pecador. Creio que Jesus Cristo morreu na cruz por mim. Obrigado por ter perdoado os meus pecados. Convido Jesus Cristo para entrar na minha vida. Quero ter uma vida nova e eterna a partir de hoje. Em nome de Jesus, amém!"

Se você fez essa prece, Cristo veio para a sua vida e, agora vive em você por intermédio do Espírito Santo. Agora, você tem capacidade de ser o marido e pai ou a esposa e mãe que você quer ser, e que Deus gostaria que você fosse. Submeta diariamente a sua vontade ao Espírito Santo, e Deus o capacitará a viver uma vida como você nunca viveu antes, recebendo por intermédio dEle toda orientação para desenvolver "A arte de permanecer casado".

Neste capítulo, todas as citações bíblicas foram retiradas de "A Bíblia Viva" Paráfrase – Ed. Mundo Cristão.

Sua opinião é importante para nós. Por gentileza, envie seus comentários pelo e-mail
editorial@hagnos.com.br

UNITED PRESS
um selo editorial hagnos

Visite nosso site: www.hagnos.com.br

Esta obra foi impressa na Imprensa da Fé.
São Paulo, Brasil.
Primavera 2018.